Meiner Frau

Andrea Zeugner

gewidmet

Stefan Schmitz

Das Mystik-Mosaik

Bausteine für ein spirituelles Weltbild und für eine ganzheitliche Meditationspraxis

© tao.de in J. Kamphausen Mediengruppe GmbH, Bielefeld

1. Auflage 2015

Autor: Stefan Schmitz
Umschlaggestaltung: tao.de
Umschlagabbildung: Stefan Schmitz

Printed in Germany

Verlag: tao.de in J. Kamphausen Mediengruppe GmbH, Bielefeld, www.tao.de, eMail: info@tao.de

Bibliografische Information der Deutschen Nationalbibliothek: Die Deutsche Nationalbibliothek verzeichnet diese Publikation in der Deutschen National-bibliografie; detaillierte bibliografische Daten sind im Internet über http://dnb.d-nb.de abrufbar.

ISBN: 978-3-95802-702-2

Inhaltsverzeichnis

Einleitung

Lässt sich das wissenschaftliche Weltbild des aufgeklärten Industriezeitalters und des angehenden Informationszeitalters erweitern zu einem spirituellen Weltbild, ohne dass daraus ein irrationales Gebilde entsteht? Können wir zu einer spirituell fundierten ganzheitlichen Meditationspraxis finden, die durch nachvollziehbare Begründungen abgesichert ist, sodass sie kein blindes Vertrauen erfordert? Das hier vorliegende Buch vermeidet ein geschlossenes System von Antworten auf solche Fragen und bietet stattdessen eine Vielfalt von Bausteinen für ein spirituelles Weltbild und für eine ganzheitliche Meditationspraxis. Aus diesen Bausteinen ergeben sich dann im Geist des jeweiligen Lesers nach und nach wie von selbst neue Perspektiven und Erweiterungen für sein eigenes Weltbild sowie neue Anregungen und Fundierungen für seine eigene Meditationspraxis.

Erläutert werden in dem vorliegenden Buch vor allem die wichtigsten Methoden und Erkenntnisse sowie Konzepte und Übungen der mystischen Wege der verschiedenen Weltreligionen, vom Christentum bis zum Islam und vom Buddhismus bis zum Taoismus. Jede Weltreligion liefert hier ihre eigenen Beiträge, zu denen sich in den anderen Weltreligionen jeweils ähnliche oder auch ergänzende Beiträge finden lassen. So gibt es im Christentum beispielsweise eine differenzierte Beschreibung der dunklen Phasen des mystischen Weges, im Buddhismus die bekannten Methoden der Achtsamkeitsmeditation, im Yoga das Modell der Chakras, in der jüdischen Mystik eine ausgeklügelte Buchstabenkontemplation, im Sufismus viele amüsante Lehrgeschichten und im Taoismus ein altehrwürdiges Orakelbuch.

Das 20. Jahrhundert hat für die Mystik außerdem einige Neuerungen gebracht: In der Physik sind zwei neue Richtungen entstanden, die Relativitätstheorie und die Quantenmechanik, deren

Erkenntnisse manche geheimnisvollen Aussagen der Mystik auf einmal ziemlich plausibel erscheinen lassen. In der Psychologie wurde ebenso eine neue Richtung begründet, die Transpersonale Psychologie, in welcher die Erfahrungen und Methoden der Mystik unabhängig von den Weltreligionen erforscht werden können. Der wechselseitige Austausch über die Konzepte der Mystik aus den verschiedenen Weltreligionen, wie er im 20. Jahrhundert gleichermaßen möglich wurde, hat zu einer philosophischen Fundierung der Astrologie beigetragen und zu einem psychologischen Verständnis der Reinkarnationslehre. Außerdem sind im 20. Jahrhundert einige spirituelle Meister aufgetaucht, denen es gelungen ist, die Vorgehensweisen und die Anschauungen der Mystik auf eine Art und Weise zu präsentieren, die dem aufgeklärten Industriezeitalter und dem angehenden Informationszeitalter angemessen sind. Von den wichtigsten Inhalten und Aspekten dieser Neuerungen handelt das vorliegende Buch ebenfalls.

Christliche Mystik

Die christliche Dogmatik erklärt Jesus von Nazareth, den Stifter des Christentums, zum einen und einzigen Sohn Gottes – und verhindert damit beinahe jede Möglichkeit, ihn als Mystiker zu betrachten. Wenn wir uns nicht an dieses Dogma halten, können wir leicht auf die Idee kommen, dass die wichtigsten Protagonisten des Neuen Testaments eigentlich allesamt mystische Erfahrungen hatten: Jesus von Nazareth während seiner Taufe, als der Geist Gottes auf ihn niederfuhr, und später noch einmal auf einem hohen Berg, als ihm die Verklärung zuteil wurde, seine Jünger zu Pfingsten, als sie vom Heiligen Geist erfüllt wurden, und Paulus nahe Damaskus, als der himmlische Christus ihm erschien und ihn bekehrte. Doch auch unabhängig von diesen Protagonisten des Neuen Testaments finden wir im Christentum reichlich Mystiker.

Ein Fünklein von Gott in jedem Menschen

„Es gibt ein Etwas in der Seele, worin Gott lebt."[1] Dies behauptet Meister Eckhart, einer der bedeutendsten wie auch bekanntesten Mystiker des Christentums. Er war Dominikaner-Mönch und Universitätsprofessor, wurde etwa im Jahr 1260 in Thüringen geboren und starb vermutlich im Jahr 1328 in Südfrankreich. Für das ›Etwas in der Seele, worin Gott lebt‹ hat er einen eigenen Begriff geprägt, nämlich denjenigen des Seelenfünkleins. Dieses Seelenfünklein ist für Meister Eckhart ein göttliches Fünklein, ein kleiner Teil von Gott in der Seele eines jeden Menschen.

Nach Johannes vom Kreuz befindet sich das göttliche Seelenfünklein in der Mitte der Seele des Menschen: „Die Mitte der Seele ist Gott."[2] Johannes vom Kreuz, ebenfalls ein christlicher Mystiker, lebte im 16. Jahrhundert in Spanien und gehörte dem Orden der Karmeliter an.

Typisch für einen Mystiker ist, dass bei ihm solche Aussagen wie die gerade zitierten seiner eigenen Erfahrung entstammen. Ein Mystiker gelangt aus eigener realer Erfahrung heraus zu der Überzeugung, dass Gott existiert und dass er nicht nur jenseits von unserer Welt existiert, sondern auch innerhalb unserer Welt und dort vor allem im Inneren eines jeden Menschen. Ein Mensch wird zum Mystiker, wenn er die Anwesenheit Gottes im eigenen Inneren unmittelbar erfährt.

Letztendlich geht es in der Mystik jedoch nicht nur um solche Erfahrungen, sondern auch um ein Voranschreiten auf einem spirituellen Entwicklungsweg, um eine spirituelle Weiterentwicklung des jeweiligen Menschen entsprechend seinen mystischen Erfahrungen. Je mehr ein Mensch auf diesem Weg bereits Fortschritte gemacht hat, desto eher wird er dadurch zu einem Meister, der andere Menschen, die erst am Anfang ihrer spirituellen Entwicklung stehen, als Schüler annehmen und ihnen für ihren eigenen Weg mancherlei hilfreiche Orientierungen geben kann. Dies gilt beispielsweise auch für Meister Eckhart und für Johannes vom Kreuz. Sie hatten jeweils mehrere solcher Schüler. Johannes vom Kreuz war außerdem zuvor seinerseits ein Schüler von Teresa von Avila, einer der bedeutendsten Frauen unter den christlichen Mystikern.

Ebenso wie Johannes vom Kreuz lebte auch Teresa von Avila im 16. Jahrhundert in Spanien und ebenso wie er gehörte auch sie dem Orden der Karmeliter an. Das ›Etwas in der Seele, worin Gott lebt‹, von dem Meister Eckhart spricht, veranschaulicht Teresa von Avila als eine Wohnung oder sogar als einen Palast tief im Inneren des Menschen.

Sogar die Bibel verortet Gott beziehungsweise sein Reich mitunter im Inneren des Menschen: „Das Reich Gottes ist inwendig in euch." So heißt es im Neuen Testament, im Lukas-Evangelium (Lukas 17, 21) gemäß der Übersetzung von Martin Luther. Jesus wurde einmal von den Pharisäern direkt danach gefragt, wann denn das Reich Gottes kommt, und er sagte ihnen daraufhin, dass jenes Reich nicht mit äußerlichen Gebärden erscheint. Es kommt nicht so, dass man es sehen kann, dass man irgendwo in der Außenwelt hinzeigen und sagen kann: „Hier ist es! oder: Da ist es!" Denn „das Reich Gottes ist inwendig in euch".[3]

Die Aussage von Jesus, dass das Reich Gottes in uns liegt, beinhaltet zugleich auch die wichtigste Anleitung für die gesamte Mystik. Das Wort ›Mystik‹ stammt hauptsächlich von dem griechischen Wort ›myein‹, welches soviel bedeutet wie ›die Augen schließen‹. Die wichtigste Anleitung für die gesamte Mystik besteht darin, die eigene Aufmerksamkeit nach innen zu wenden, dorthin, wo das Reich Gottes liegt. Viele Mystiker schließen ihre Augen, um dieser Anleitung besser gerecht werden zu können.

Zu den ersten Christen, die gezielt nach mystischen Erfahrungen strebten, gehören die sogenannten Wüstenväter und ihre Schüler. Es handelt sich dabei um eine Bewegung, die während des dritten Jahrhunderts begann und bis zum fünften Jahrhundert andauerte. In dieser Zeit zogen sich zahlreiche Christen in die Wüsten von Ägypten und Syrien zurück, um dort in Einsiedeleien zu leben. Diejenigen von ihnen, die dort tatsächlich mystische Erfahrungen hatten und denen daraus auch eine tiefe Weisheit erwuchs, wurden alsbald als Wüstenväter verehrt – und die anderen sammelten sich um sie als ihre Schüler. Der bedeutendste Wüstenvater hieß Antonius.

Das Leben, welches die Wüstenväter und ihre Schüler führten, war äußerlich vor allem durch eine strenge Askese geprägt. Um Gott finden zu können, verzichteten sie auf fast alle Annehmlichkeiten und Genüsse der Welt. So bestand ihre Askese nicht nur darin, dass sie sich in die Wüste zurückzogen, sondern außerdem noch aus wenig Schlaf und sexueller Enthaltsamkeit sowie aus einem Verzicht auf Fleisch und Wein und aus häufigem Fasten. Jeder dieser Christen verbrachte tagtäglich viele Stunden von der Welt abgewandt in einer kleinen Zelle. Dort beschäftigte er sich unter anderem mit den heiligen Schriften. Die wichtigste Praxis der Wüstenväter und ihrer

Schüler war jedoch das immerwährende Gebet. Hierbei wurde eine bestimmte Gebetsformel innerlich fortwährend wiederholt, so etwa die folgende: „O Gott, komm mir zu Hilfe, Herr, eile, mir zu helfen".[4]

In der gerade beschriebenen Strenge war die Askese vor allem für die Frühzeit der Mystik charakteristisch. Weltabkehr ist nicht zwingend erforderlich. Gott befindet sich nämlich nach Auffassung vieler Mystiker keineswegs nur jenseits unserer Welt und allenfalls noch im Inneren eines jeden Menschen, sondern er umhüllt und durchflutet auch die gesamte Welt um uns herum. So heißt es etwa bei Teresa von Avila: „Stellen wir uns also vor, Gott sei wie eine Wohnung oder wie ein sehr großer und schöner Palast, und dieser Palast umschließe die ganze Welt."[5] Genau diese Wohnung oder dieser Palast, worin die gesamte Welt enthalten ist, befindet sich zugleich auch tief im Inneren eines jeden Menschen.

Teresa von Avila und Johannes vom Kreuz sowie Meister Eckhart gehören zu den wichtigsten katholischen Mystikern. Der bedeutendste protestantische Mystiker ist zweifellos Jakob Böhme. Er wirkte als Schuhmacher und Philosoph im 17. Jahrhundert in Deutschland in der Stadt Görlitz. Seine mystischen Erfahrungen und Einsichten finden in folgendem Zitat von ihm einen prägnanten Ausdruck: „Ich lebe in Gott und Gott in mir."[6] Insofern Gott die gesamte Welt umschließt, befinden wir uns in ihm, und zugleich wohnt er auch in uns. Gott ist dabei für Böhme nicht nur der Anfang, sondern ebenso der Abgrund allen Seins: „Der Abgrund der Natur und Kreatur ist Gott selber."[7]

Doch obwohl Gott die gesamte Welt umschließt und auch der Abgrund jedweder Natur ist, sind die Mystiker trotzdem der Überzeugung, dass der Mensch einen Zugang zur unmittelbaren Gotteserfahrung stets nur im Abgrund des eigenen Inneren finden kann. Diese Überzeugung bekräftigt beispielsweise der christliche Mystiker und Dichter Angelus Silesius sehr deutlich in einem seiner bekannten zweizeiligen Sinnreime. Angelus Silesius hieß eigentlich Johannes Scheffler und lebte im 17. Jahrhundert in Deutschland in Schlesien. Der betreffende Sinnreim von ihm lautet: „Halt an, wo läufst du hin? Der Himmel ist in dir. Suchst du Gott anderswo, du fehlst ihn für und für."[8]

Die bekannteste deutsche Frau unter den christlichen Mystikern ist wohl Hildegard von Bingen. Sie lebte im 12. Jahrhundert und gehörte dem Orden der Benediktiner an. Ihr wurden vor allem zahlreiche mystische Visionen zuteil, die sie jeweils bei klarem Bewusstsein direkt von Gott empfangen hat. In diesen Visionen erscheint Gott sehr christlich als Dreifaltigkeit, bestehend aus Gott Vater, Jesus Christus und Heiligem Geist. So zeigen diese Visionen Gott Vater als Schöpfer des Universums, Jesus Christus als Erlöser des Menschen und den Heiligen Geist als eine spirituelle Heilskraft, die in der Geschichte der Menschheit immer wieder segensreich wirkt. Das Universum insgesamt und auch jeder einzelne Mensch stehen gemäß den Visionen der Hildegard von Bingen in einem unauflösbaren Zusammenhang mit eben jenem dreifaltigen Gott.

Für Nikolaus Cusanus ist Gott der All-Eine in Allem. Cusanus war nicht nur Mystiker, sondern auch Theologe und Philosoph sowie Bischof. Er wurde 1401 in Kues in Deutschland geboren und starb 1464 in Todi in Italien. Nach seiner Auffassung hat die Vielfalt der Welt in Gott ihre Einheit und sogar alle Gegensätze der Welt fallen in Gott zusammen. Demgemäß zeigt sich Gott umgekehrt in der Welt eben als eine Vielfalt von Gegensätzen. Dies gilt sogar für die Religion. So kann für Nikolaus von Kues die wahre Religion, die Gott wirklich gemäß ist, in der Welt nicht als eine einzige Religion erscheinen, sondern nur durch viele Religionen zugleich repräsentiert werden, die unterschiedlich sind und teilweise sogar gegensätzlich.

Meister Eckhart und die Gottesgeburt in der Seele

Die Gottesgeburt in der Seele des Menschen ist für den christlichen Mystiker Meister Eckhart vor allem umgekehrt ein innerer Durchbruch und damit zugleich eine unmittelbare Rückkehr des Menschen zum göttlichen Sein. Nach Eckhart hat nämlich alles Geschaffene, jedes Ding und jede Kreatur, ein zweifaches Sein. Das eine Sein haben die Gegenstände und Geschöpfe in der Welt durch ihre je eigene Form. Dieses weltliche Sein ist zwar das eigene Sein der jeweiligen Dinge und Kreaturen, doch letztendlich ist es nichtig. Das andere Sein stammt von Gott als dem Ursprung alles Geschaffenen. Dieses göttliche Sein ist das Sein schlechthin. Es ist außerdem letztendlich das eigentliche Sein der Gegenstände und Geschöpfe.

Dies alles gilt gerade auch für den Menschen: Da sein eigenes Sein letztendlich nichtig ist, kann er sein wahres und wirkliches Sein nur in Gott, seinem Ursprung, haben und nicht in sich selbst. So existiert der Mensch auch in Gott auf eine ausgezeichnetere Weise als in sich selbst. Diese höhere und zugleich authentische Seinsweise muss der Mensch jedoch erst verwirklichen, und zwar durch einen mystischen Durchbruch zu Gott. In einem solchen Durchbruch findet der Mensch zu einer Einheit mit Gott zurück, die unvordenklich immer schon in ihm angelegt ist.

Jeder Mensch ist nach der Überzeugung von Meister Eckhart im tiefsten Grund seiner Seele mit Gott eins und Gott gleich. Dort nämlich ist das göttliche Sein als ein Fünklein von Gott in ihm allgegenwärtig. Dieses Fünklein von Gott im tiefsten Innersten der menschlichen Seele bezeichnet Meister Eckhart zumeist als Seelenfünklein. Es ist letztendlich unbestimmbar, es ist weder dieses noch jenes, es ist ungeboren und ungeschaffen, es ist formenfrei und ungebunden, es berührt niemals Zeit oder Raum, aber es ist dennoch ein Etwas. Für Meister Eckhart ist das Seelenfünklein genau jenes Etwas in der Seele, worin Gott lebt und wo die Seele in Gott lebt. Dieses Seelenfünklein widersagt allen Kreaturen und will nichts als Gott, wie er in sich selbst ist.

Im gewöhnlichen Menschen sind jedoch seine Seelenkräfte wie Verstand, Gedächtnis und Wille ausschließlich mit weltlichen Angelegenheiten beschäftigt. Dadurch aber ist die Seele des gewöhnlichen Menschen von ihrem eigenen Grund, dem göttlichen Fünklein,

14

entfremdet. Stattdessen steht in ihrem Zentrum lediglich das Ich des jeweiligen Menschen. Gerade dieses Ich hat die Neigung, sich an viel Weltliches möglichst fest zu binden und es sich zu eigen zu machen – eine Neigung, die sich beispielsweise in seiner Eigenliebe, seinem Eigenwillen, seinem Eigennutz und in seinem Eigentum ausdrückt. Diese Neigung des Ichs ist ein schwieriges Hindernis, welches den Durchbruch des Menschen in die Einheit mit Gott und damit seine mystische Rückkehr zu Gott verhindert. Wie Meister Eckhart sagt: „Gott ist uns nahe, wir aber sind ihm fern."[9]

Strebt nun ein Mensch die mystische Rückkehr zu Gott an, so geht es auf dem mystischen Weg, der zu einer solchen Rückkehr führen kann, für den betreffenden Menschen nach Eckhart darum, seiner selbst und aller Dinge ledig zu werden. Dieses Ledigwerden beinhaltet eine innere Läuterung. Es bedeutet aber keineswegs, sich aus der Welt der Dinge und der Mitmenschen in eine Sphäre des Untätigseins zurückzuziehen, sondern es bedeutet, das eigene Ich innerlich loszulassen und sich damit auch der unaufhörlich sich erneuernden Bindungen dieses Ichs zu entledigen. Darüber hinaus bedeutet dies jedoch früher oder später sogar, nicht nur das eigene Ich und seine Bindungen an Weltliches zu lassen, sondern das eigene egoistisch motivierte Streben nach Gott ebenfalls aufzugeben. Es geht hier also früher oder später auch darum, Gott um Gottes willen zu lassen.

Weitere Schritte auf dem mystischen Weg bestehen darin, die Fähigkeit zu entwickeln, sich zumindest vorübergehend über jegliches Denken in inneren Bildern und jegliches Erkennen mittels sprachlicher Begriffe erheben zu können. Keine einzige bildhafte Vision oder begriffliche Erkenntnis, weder der Kreaturen noch der eigenen Person oder auch Gottes, kann zur mystischen Vereinigung mit Gott führen, da diese Vereinigung völlig jenseits aller Begriffe und Bilder liegt.

Notwendig sind also auf dem mystischen Weg eine Läuterung und eine Entwicklung, die in einer inneren Abgeschiedenheit vollzogen werden und die zu einer spirituellen Gelassenheit führen. Die

Abgeschiedenheit besteht hier darin, aller Bindungen des Ichs innerlich ledig zu werden und immer wieder vorübergehend von allen
inneren Bildern und begrifflichen Gedanken leer zu werden. Eine
spirituelle Gelassenheit erreicht jener Mensch, dem es gelingt, das
eigene Ich und auch jedes Verlangen nach Gott loszulassen. Indem
ein Mensch in seinem Inneren leer wird von allen Bindungen und
jedwedem Verlangen sowie von allen Bildern und jedwedem Gedanken, schafft er dort sozusagen Raum für Gott. Er wird damit gleichsam zum Gefäß für Gott. Ein solches radikales Leersein wird von
Meister Eckhart auch als geistliche Armut bezeichnet. Die Leere der
geistlichen Armut ist dabei vor allem ein demütiges Empfänglichsein
für die Fülle des einen Gottes.

Ein wesentlicher Faktor, der die innere Läuterung und Entwicklung hin zu einem solchen Empfänglichsein sehr beschleunigen
kann, besteht für Eckhart in jedem Leid, das dem jeweiligen Menschen zustößt, etwa durch eine Krankheit oder einen Schicksals-
schlag. Wenn ein Mensch sich für ein solches Leid öffnet und es
annimmt, dann kann es für ihn fruchtbar werden auf seinem mystischen Weg zurück zu Gott.

Das Voranschreiten auf dem mystischen Weg ist ein zutiefst inneres Geschehen. Es bedarf dafür einer kontemplativen Innerlichkeit.
Trotzdem sind nach Meister Eckhart auch die äußeren Aktivitäten
des jeweiligen Menschen weiterhin wichtig. Aktion und Kontemplation, die innere Besinnung und das äußere Handeln, sollten hier
jedoch aufeinander bezogen werden. Für das alltägliche Leben mit
seinen Pflichten und Sorgen sollte die kontemplative Innerlichkeit zu
einer aktiven Wirksamkeit führen. Umgekehrt gilt es für den Menschen auf dem mystischen Weg aber auch, die äußere Wirksamkeit
hineinzuleiten in die eigene Innerlichkeit.

Der Höhepunkt des mystischen Weges ist die mystische Vereinigung, der Durchbruch des Menschen in die Einheit mit Gott. Notwendig sind hier für den jeweiligen Menschen die Bereitschaft seines
eigenen Geistes, die hart errungen werden muss, und die Gnade
des einen Gottes, die gerne gewährt wird: „Im gleichen Zeitpunkt, da

der Geist bereit ist, geht Gott in ihn ein, ohne Verzug und ohne Zögern"[10], versichert Meister Eckhart. Mit dieser mystischen Vereinigung findet die Rückkehr des Menschen zu Gott statt und der betreffende Mensch gewinnt damit seine authentische Seinsweise zurück. Es wird dem Menschen in dem entsprechenden Durchbruch zuteil, dass er und Gott eins sind. Die Einheit zwischen Gott und Mensch erweist sich dabei als eine dynamische, nämlich als eine Einheit, die von Gott her seit eh und je besteht, die aber vom Menschen her erst im mystischen Durchbruch realisiert wird. Gemäß dem christlichen Mystiker Eckhart wird in dieser mystischen Vereinigung außerdem zugleich die Gottesgeburt im Seelengrund dergestalt erfahren, dass Gott, der Vater, hier in der Seele des jeweiligen Menschen seinen Sohn, nämlich Christus, gebiert.

Der Höhepunkt des mystischen Weges, die mystische Vereinigung, ist aber nicht dessen Ende, sondern jener Weg geht nun, wie Meister Eckhart wiederholt betont, weiter – und zwar in der Welt. Genauso wie derjenige Mensch, der am Beginn des mystischen Weges steht, sich nicht aus der Welt der Dinge und der Mitmenschen zurückziehen soll, darf auch derjenige, der auf dem Höhepunkt dieses Weges die mystische Vereinigung erlangt hat, die Welt der Dinge und der Mitmenschen nicht einfach sich selbst überlassen. Ganz im Gegenteil soll er sich nun wieder und weiterhin den Aufgaben widmen, die das Leben mitten in der Welt stellt, ohne sich dabei aber jetzt als getrennt von Gott zu erleben. Das Handeln eines solchen Menschen ist von einer besonderen Qualität erfüllt, denn er handelt nun aus einem Durchdrungensein von der Einheit mit Gott heraus und bleibt dabei gegenüber allen Dingen sowie auch gegenüber seinen Mitmenschen völlig frei. Der jeweilige Mensch hat damit zu einem wahrhaft reifen und mündigen Handeln gefunden. Die äußeren Werke, die er nun vollführt, sind nicht mehr seine eigenen Werke, sondern vielmehr Gottes Werke.

Kontemplation

Kontemplation ist eine der wichtigsten Methoden der christlichen Mystik. Es handelt sich dabei um eine Methode der inneren Besinnung – und zwar der Besinnung auf Gott: Diese Besinnung kann dabei dem einem Gott insgesamt gelten oder auch einem Aspekt seiner Dreifaltigkeit, wie etwa seinem Sohn Jesus Christus. Es lassen sich innerhalb der Kontemplationsmethode verschiedene Formen oder Stufen unterschieden, und zwar vor allem zwei, nämlich diejenige der inneren Betrachtung und diejenige des inneren Schweigens. Auf beide Formen oder Stufen kann, in fast schon entgegengesetzter Weise, auch der Begriff der Meditation angewandt werden, je nachdem, ob wir diesen Begriff in einem christlichen oder in einem östlichen Verständnis gebrauchen: Bei der betrachtenden Kontemplation geht es um die innere Betrachtung eines kurzen Textes aus der Bibel. Diese Form oder Stufe der Kontemplation entspricht dem christlichen Begriff der Meditation. Bei der schweigenden Kontemplation hingegen geht es um ein inneres Schweigen der Gedanken und Bilder. Diese Form oder Stufe der Kontemplation entspricht einem östlichen Verständnis von Meditation. Eine genau festgelegte Körperhaltung wird in der christlichen Mystik für die Kontemplation nicht vorgeschrieben. Zumeist wird die Kontemplation hier im Sitzen praktiziert, in einer Haltung der Demut.

Die betrachtende Kontemplation, die in der christlichen Mystik zumeist als Meditation bezeichnet wird, ist eine innere Besinnung auf einen kurzen Text aus der Bibel. Der Text wird dabei sowohl gedanklich betrachtet, als auch bildhaft und gefühlsmäßig. Oft sucht sich der Meditierende den Text für seine Kontemplation vorher selbst aus. Er sollte hier einen Text wählen, der ihn persönlich anspricht. Zumeist handelt es sich dabei entweder um eines der Gleichnisse, durch die Jesus seine Jünger gelehrt hat, oder um eine kleine Geschichte, die von einer Begebenheit aus dem Leben von Jesus berichtet.

Ein gutes Beispiel für einen geeigneten Text zur betrachtenden Kontemplation ist die Geschichte von der Fußwaschung: Einige Tage bevor er gekreuzigt wurde, wusch Jesus seinen Jüngern die Füße. Er gab ihnen damit ein Beispiel für die Art, wie sie miteinander umgehen sollen, wenn er nicht mehr unter ihnen weilt. Die kontemplative Betrachtung eines solchen Textes besteht nun darin, dass der Meditierende in Gedanken bei dem Text dieser Geschichte bleibt und sich gefühlsmäßig auf ihn einlässt. Er stellt sich den Inhalt des Textes mit geschlossenen Augen möglichst bildhaft vor und denkt über diesen Inhalt auch nach. Vor allem aber spürt er sich in den Text seiner Kontemplation hinein und öffnet sich innerlich allen Gefühlen, die in Anbetracht dieses Textes in ihm auftreten. Der Zweck einer solchen Übung besteht darin, dass sich in dem Meditierenden dessen liebende Hingabe zu Jesus Christus und zu Gott immer weiter vertieft und entfaltet. Deshalb ist es auch wichtig, dass er sich für seine Kontemplation jeweils einen Text auswählt, von dem er sich selbst innerlich angesprochen fühlt.

In der christlichen Mystik ist nun die betrachtende Kontemplation nur eine vorbereitende Stufe und die schweigende Form ist hier die eigentliche Kontemplation. So geht es in der betrachtenden Kontemplation hauptsächlich darum, mit Jesus Christus und den Glaubensinhalten der Bibel vertraut zu werden. Dadurch entwickelt der jeweilige Mensch in sich nach und nach jenen Glauben, jene Liebe und jene Hoffnung, die für die eigentliche Kontemplation nötig sind.

Die schweigende Kontemplation besteht aus einem inneren Schweigen der Gedanken und Bilder. Dies ist aber in der christlichen Mystik nur die eine Seite jener Kontemplation. Auf der anderen Seite besteht sie nämlich auch in einer liebenden Ausrichtung des eigenen Herzens zu Gott hin. So ist die Kontemplation in der christlichen Mystik eine leere und doch zugleich auch liebende Besinnung auf Gott. Als solche kann sie nur gelingen, wenn sie von ausreichend Glaube, Liebe und Hoffnung getragen wird. Indem der jeweilige Mensch, im Glauben an Gott und in Hoffnung auf ihn, in seinem Inneren leer wird von allen seinen Gedanken und Bildern, von allen seinen Überlegungen und Fantasien, schafft er dort Raum für Gott. Und indem er sein Herz in Liebe allein auf Gott hin ausrichtet, wird er zunehmend empfänglicher für ihn.

Eine wichtige Voraussetzung für die eigentliche Kontemplation bildet die demütige Selbsterkenntnis. Niemand kann zu Gott aufsteigen, der nicht zuvor in das eigene Seelenleben hinabgestiegen ist. So geht es bei der demütigen Selbsterkenntnis vor allem darum, sich die eigenen Sünden einzugestehen und sie auch zu bereuen, weiterhin darum, die eigene Fehlbarkeit und Begrenztheit immer wieder neu zu entdecken, und nicht zuletzt darum, sich selbst als ein Geschöpf zu begreifen. Eine solche Selbsterkenntnis ist nun nicht nur ein intellektueller Prozess, sondern sie ist oft auch mit emotionalem Schmerz verbunden, mit Schmerz, der die eigenen Schuldgefühle begleitet, mit Schmerz, der entsteht, wenn Selbstidealisierungen der eigenen Person zunichte werden, und mit Schmerz, der plötzlich aus traumatischen Erinnerungen hervorbricht. Häufig wird solcher Schmerz zunächst eher als qualvolle innere Spannung oder als lästige Unruhe erfahren. Er kann aber sehr hilfreich sein, wenn der jeweilige Mensch ihn in sich zulässt und durchlebt, ohne an ihm festzuhalten. Vor allem durch diesen Schmerz hindurch findet der jeweilige Mensch schließlich zu jener Demut, die er braucht, um in seinem Inneren sein Ich loszulassen und dadurch dort Raum zu schaffen für Gott.

Doch auch mit tiefer Demut und viel Liebe sowie mit tiefem Glauben und viel Hoffnung ist die Leere im eigenen Inneren, die dort Raum für Gott schaffen soll, nur schwer zu verwirklichen. Immer wieder dringen vom eigenen Verstand her oder aus dem eigenen Gedächtnis vielerlei Gedanken und Bilder, Überlegungen und Fantasien in diesen Raum ein und bevölkern ihn sogar regelrecht. Demjenigen Menschen, der die schweigende Kontemplation praktiziert, wird zumeist geraten, seine eigenen Gedanken und Bilder, die ihm dabei durch den Kopf gehen, nicht gewaltsam zu unterdrücken, sie aber auch nicht besonders zu beachten. Vielmehr sollte er während der Kontemplation seinen eigenen Willen in denjenigen Gottes fügen. Je mehr er sich dabei Gottes Willen überlässt, desto untätiger werden nach und nach auch sein Verstand und sein Gedächtnis und desto weniger Gedanken und Bilder produzieren sie dann dementsprechend während der Kontemplation. So gelingt es dem Praktizierenden mit zunehmender Übung immer besser, jene innere Leere zu verwirklichen, in der er dann sein Herz liebend allein auf Gott hin auszurichten vermag.

Einen speziellen Zugang zur schweigenden Kontemplation bietet das ernsthafte Gebet. Beim Beten wird der Text des jeweiligen Gebetes zumeist ausgesprochen. Das wohl wichtigste Gebet des Christentums ist das Vaterunser: Dieses Gebet richtet sich an Gott Vater. Es existiert in mehreren ähnlichen Übersetzungen und hat folgenden Inhalt: „Unser Vater im Himmel, Dein Name werde geheiligt, Dein Reich komme, Dein Wille geschehe wie im Himmel, so auf der Erde. Gib uns heute das Brot, das wir brauchen. Und erlasse uns unsere Schuld, wie auch wir unseren Schuldnern deren Schuld erlassen haben. Und führe uns nicht in Versuchung, sondern rette uns vor dem Bösen." Einen solchen Text betend auszusprechen ist eine religiöse Handlung, die etwas genauer auch als mündliches Gebet bezeichnet werden kann. Doch wenn das entsprechende Gebet ernsthaft vollzogen wird, dann geht es bei dem Menschen zugleich mit einer passenden inneren Haltung einher, nämlich mit einer Ausrichtung der eigenen Aufmerksamkeit allein auf Gott hin. Diese innere Ausrichtung der eigenen Aufmerksamkeit stellt hier gleichsam ein inneres Gebet dar. Ein solches inneres Gebet kann nun wiederum auch einfach für sich genommen praktiziert werden, als schweigendes Gebet ohne jeden Text. So besteht das innere Gebet vor allem darin, dass der Betende sich sammelt und sich aus dieser Sammlung heraus mit seinem Herzen liebend auf Gott konzentriert.

Wenn nun bei einem inneren Gebet das eigene Herz liebend auf Gott hin ausgerichtet ist und dabei nicht nur der eigene Mund schweigt, sondern auch die eigenen Gedanken und inneren Bilder schweigen, dann ist ein solches Gebet praktisch identisch mit der schweigenden Kontemplation. In der christlichen Mystik wird es als Gebet der Ruhe bezeichnet.

Wenn das Gebet der Ruhe gelingt, dann gelangt der jeweilige Mensch mit seinen Seelenkräften und auch mit seinem Leib in einen stillen Frieden, in dem er Gottes Gegenwart zumindest erahnen kann und manchmal sogar unmittelbar zu spüren vermag.

Johannes vom Kreuz und die dunkle Nacht

Der christliche Mystiker Johannes vom Kreuz ist vor allem bekannt geworden durch seine Darstellung und Erläuterung der dunklen Nacht. Von dieser gibt es zwei Phasen, nämlich die dunkle Nacht der Sinne und die dunkle Nacht des Geistes. Beide Nächte bestehen vor allem aus langen qualvollen Abschnitten der Läuterung oder Reinigung, dazwischen aber auch immer wieder aus kurzen Zeiten des inneren Friedens und der geistlichen Erleuchtungen, in welchen dem Menschen dann jeweils mystische Erfahrungen oder göttliche Mitteilungen zuteil werden. Der Zweck dieser Nächte liegt in einer Transformation der Seele des jeweiligen Menschen, durch die jener schließlich bereit und fähig wird für die mystische Vereinigung und damit für die Einung mit Gott.

Bezüglich der menschlichen Seele unterscheidet Johannes vom Kreuz drei Bereiche. Der erste ist hier der Sinnenbereich. Dieser schließt für Johannes vom Kreuz die Fantasie mit ein und er reicht bis zum diskursiven Verstand. Damit beinhaltet der Sinnenbereich das gesamte Seelenleben des gewöhnlichen Menschen. Die anderen beiden Bereiche, der zweite und der dritte, sind dem gewöhnlichen Menschen unzugänglich. Der zweite Bereich ist hier der Geist, bei dem es sich hauptsächlich um einen spirituellen Geist handelt, und der dritte Bereich der Seele ist der Wesenskern in der Mitte, worin Gott wohnt.

Vor allem aber beschreibt Johannes vom Kreuz in seinem Werk einen spirituellen Entwicklungsweg, der von dem Sinnenbereich und dem diskursiven Verstand bis zum Wesenskern führt. Diesen Weg bezeichnet er allegorisch auch als Aufstieg auf den Berg Karmel. Jener Aufstieg beinhaltet immer wieder abwechselnd Erleuchtungen und Reinigungen, bis dem jeweiligen Menschen schließlich die Einung mit Gott zuteil wird. Grob betrachtet besteht jener Weg dabei aus drei Stufen und aus zwei langwierigen Läuterungsphasen dazwischen. Die erste Stufe ist diejenige des Anfängers, die zweite diejenige des Fortgeschrittenen und die dritte diejenige des Vollendeten. Dazwischen liegen als Läuterungsphasen die dunkle Nacht der Sinne und die dunkle Nacht des Geistes. Während der dunklen Nacht der Sinne entwickelt der jeweilige Mensch aus seinem Sinnenbereich heraus solche Tugenden wie Demut und Nächstenliebe, mit denen er seinem eigenen spirituellen Geist gerecht werden kann; in der dunklen Nacht des Geistes entwickelt er in seinem spirituellen Geist eine ausgeprägte Empfänglichkeit für göttliche Weisheit und göttliche Liebe, durch die er schließlich mit Gott selbst geeint werden kann. Der Vollendete ist ein Mensch, der die Einung mit Gott erlangt hat.

Der Anfänger befindet sich bereits auf dem christlichen Weg. Er betätigt sich in Askese und Fasten sowie in Gebeten und Meditation. Gott ist in jedem Menschen in der Mitte seiner Seele vorhanden und der Anfänger ist für Johannes vom Kreuz durchaus ein Mensch, der in manchen mystischen Erfahrungen, in inneren Anrührungen durch Gott, schon etwas davon verspürt hat und auch weiterhin immer wieder einmal verspürt. Die entsprechenden Anrührungen sind für Johannes vom Kreuz charakterisiert durch geistliche Wonne und köstlichsten Wohlgeschmack.

Zu seinem spirituellen Geist hat jedoch auch der Anfänger, dem schon manche mystischen Erfahrungen zuteil geworden sind, noch keinen Zugang; dessen Verwirklichung steht für ihn noch aus. Außerdem sind dem Anfänger noch mancherlei Fehlhaltungen zu eigen, wie etwa Geltungsbedürfnis, Habgier, Unzucht oder Genusssucht. Solche Fehlhaltungen zeigen sich bei ihm vor allem bezüglich der geistlichen Belange. So mag sich ein Geltungsbedürfnis hier etwa darin zeigen, dass der jeweilige Anfänger lieber andere Menschen über geistliche Themen belehrt, als selbst geistliche Übungen zu praktizieren. Bei einer Fehlhaltung der Habgier will er beispielsweise immer noch mehr Bücher über geistliche Themen besitzen und lesen. Unzucht mag sich in sexuellen Fantasien äußern, die während der geistlichen Übungen immer wieder auftreten. Genusssucht führt auf dem spirituellen Weg leicht dazu, dass der jeweilige Anfänger nur solche Übungen praktizieren will, die er als angenehm erlebt.

Die dunkle Nacht der Sinne beginnt damit, dass die mystischen Erfahrungen im Leben des jeweiligen Menschen und auch in seiner spirituellen Praxis plötzlich ausbleiben. Nicht einmal Trost findet er noch in seinen geistlichen Übungen, sondern nur Unbehagen. Bei der Meditation scheitert er nun stets bereits an der inneren Besinnung. Doch auch an alltäglichen Dingen findet er keinen Geschmack mehr. Stattdessen wird er nun ständig von der Sorge geplagt, dass er Gott nicht mehr gerecht wird. Zugleich fühlt er sich aber auch von Gott verlassen. Trotz alledem sollte er jedoch seine geistlichen Übungen weiterhin geduldig fortführen.

Recht eigentlich ist die dunkle Nacht der Sinne für Johannes vom Kreuz eine Phase der Kontemplation und damit ein „geheimes, friedliches und liebendes Einströmen Gottes"[11] – doch davon bekommt der jeweilige Mensch zunächst nur wenig mit, weil dieses Einströmen hauptsächlich in seinen spirituellen Geist hinein stattfindet, zu dem er noch keinen Zugang hat. Irgendwann gelangt der Mensch während der dunklen Nacht der Sinne jedoch plötzlich in existenziellen Erfahrungen zur Erkenntnis von Gottes Größe und Herrlichkeit sowie zur Erkenntnis seiner eigenen Armseligkeit und Unzulänglichkeit. Insbesondere die Erkenntnis der eigenen Armseligkeit und das geduldige Fortführen der geistlichen Übungen trotz allem Unbehagen führen dazu, dass in dieser Nacht aus den Fehlhaltungen des jeweiligen Menschen langsam Tugenden erwachsen, wie etwa Geduld und Nächstenliebe.

Wenn die dunkle Nacht der Sinne abklingt, ist der jeweilige Mensch ein Fortgeschrittener. Er hat nun einen Zugang zu seinem spirituellen Geist gefunden und kann diesen in den folgenden Jahren verwirklichen. Durch die Läuterung der dunklen Sinnesnacht haben sich seine Fehlhaltungen in Tugenden verwandelt. Sein spiritueller Geist wird nun immer mehr aufnahmefähig für geistliche Mitteilungen, die er von Gott erhält. Auch werden ihm nun wieder zuverlässig mystische Anrührungen durch Gott zuteil. Für sein alltägliches Leben und für seine geistlichen Übungen hat der Fortgeschrittene eine ausgeprägte Gelassenheit entwickelt sowie auch eine innere Stärke.

Nichts desto trotz ist der spirituelle Geist, den der Fortgeschrittene nun entwickelt, zunächst noch relativ roh und zerstreut sowie seinerseits durchaus noch ungeläutert und schwach und alsbald mitunter gar überheblich. Für eine Gotteinung, also eine Einung mit Gott, muss der spirituelle Geist des jeweiligen Menschen jedoch ganz klar werden, sehr fein, ausreichend stark, tiefer geläutert und erneut demütig. Um eine entsprechende Transformation des Geistes zu erreichen, ist eine zweite Nacht vonnöten, die dunkle Nacht des Geistes.

Die dunkle Nacht des Geistes ist eine stürmische und grausame Nacht, voll Bitterkeit und Bedrängnis, Angst und Schmerz, Trübsal und Verwirrung, Einsamkeit und Verlassenheit. Mehr noch als die dunkle Nacht der Sinne ist auch diese Nacht durchaus eine Kontemplation, ein friedliches und liebendes Einströmen Gottes. Dieses Einströmen wird nun sogar von dem jeweiligen Menschen erfahren, weil er ja jetzt einen Zugang zu seinem spirituellen Geist hat. Allerdings ist jener Geist selbst noch roh und ungeläutert und deshalb wird das Einströmen Gottes von dem jeweiligen Menschen in dieser Nacht zunächst als äußerst qualvoll erlebt.

So ist der jeweilige Mensch in der dunklen Nacht des Geistes davon überzeugt, dass Gott gegen ihn sei und ihn für immer verworfen habe. Darüber hinaus wird er nun mit viel eigenem Bösen konfrontiert, von dem er vorher überhaupt nicht wusste, dass er es noch in sich hat. Indem er dieses Böse in sich erkennt und spürt, wird er nach und nach davon gereinigt. Doch auch die natürlichen Gewohnheiten seines Denkens und Fühlens müssen jetzt geläutert werden, damit er für göttliche Weisheit und Liebe empfänglich wird. Die entsprechenden Prozesse der Reinigung und Läuterung beinhalten starke innere Kämpfe und Zerrüttungen. Insgesamt erlebt der jeweilige Mensch dadurch einen grausamen geistlichen Tod. Zugleich entflammt in ihm aber während dieser Nacht auch eine Sehnsucht nach Gott, die alsbald immer stürmischer in ihm brennt.

Höhepunkt und Abschluss der dunklen Nacht des Geistes ist die Einung des jeweiligen Menschen mit Gott. Der jeweilige Mensch gelangt nun unmittelbar in die Mitte seiner Seele, in seinen Wesenskern, worin Gott wohnt. Sein Geist tritt ein in die formlose Leere. So kann ihn Gott dort voll machen mit sich. Dadurch wird dem Menschen die göttliche Weisheit zugänglich. Außerdem wird er von göttlicher Liebe erfüllt. Somit erreicht er nun die Stufe des Vollkommenen. Ein solcher Mensch hat keinerlei Neigungen mehr zum Bösen und keinerlei Anhaftungen mehr an die Welt. Stattdessen hat er in sich eine starke Entschlossenheit dahingehend, dass er nichts tut, womit er Gott beleidigen würde, und alles tut, womit er Gott dienen kann. Der Wille eines solchen Menschen ist eins geworden mit dem Willen Gottes.

Buddhismus

Mehr als in den anderen Religionen steht beim Buddhismus die Mystik direkt im Zentrum von Lehre und Praxis. Die wichtigste Methode der buddhistischen Mystik ist die Meditation. Heutzutage existieren drei große Strömungen des Buddhismus, die im Lauf der Geschichte nacheinander entstanden sind und die jeweils ihre eigenen Meditationsmethoden entwickelt haben. Die älteste dieser Strömungen ist der Theravada-Buddhismus. Seine typische Meditationsmethode ist die Vipassana-Meditation. Das Zen gehört zur Strömung des Mahayana-Buddhismus. Der Vajrayana-Buddhismus, die dritte große Strömung des Buddhismus, wird auch als tantrischer Buddhismus oder als buddhistisches Tantra bezeichnet.

Die Lehre des Buddha

Siddharta Gautama, der Buddha, lebte vor ungefähr 2500 Jahren in Indien. Gemäß seiner Lehre hat der Mensch zwar keine unsterbliche Seele, ist aber trotzdem in einen Kreislauf von Wiedergeburten oder Reinkarnationen gefangen. Jedes seiner Leben, welches sich daraus ergibt, ist dabei zwangsläufig mit Leid behaftet, und zwar vor allem aufgrund der eigenen Gier des Menschen. Es ist dem Menschen jedoch eine Befreiung von seinem Leid und aus dem Kreislauf der Wiedergeburten möglich, wenn er seine Gier überwindet und in das Nirwana eingeht. Das Eingehen in das Nirwana ist das Verlöschen und zugleich die Erleuchtung. Das wichtigste Mittel, um dieses Ziel zu erreichen, ist die Meditation.

Grundsätzlich unterscheidet Buddha zwischen der Erscheinungswelt und dem Nirwana. Die Erscheinungswelt wird auch als

Samsara bezeichnet. In ihr findet der Kreislauf der Wiedergeburten statt. Ganz allgemein besteht die Erscheinungswelt aus Formen, den Erscheinungsformen. Hierzu gehören beispielsweise die Sterne und die Planeten, die Berge und die Seen, die Pflanzen und die Tiere, die Geräte und die Maschinen, aber auch die Gedanken und die Gefühle. Bei dem Nirwana hingegen handelt es sich um reine transzendente Leere. Die Erscheinungsformen sind einem unaufhörlichen Wandel unterworfen, dem Werden und Vergehen. Sie entstehen, verändern sich und hören irgendwann auch wieder auf zu existieren. Das Nirvana hingegen ist ungeworden und unvergänglich und damit ewig.

Die Erscheinungsformen wurden von Buddha in fünf Gruppen eingeteilt. Dabei handelt es sich um die fünf Skandhas oder Daseinsgruppen. Alle materiellen Erscheinungsformen, und hier insbesondere auch der menschliche Körper, gehören zur Körpergruppe. Bezüglich der psychischen Erscheinungsformen hat Buddha vier Gruppen unterschieden, nämlich eine für die Gefühle, eine für die Wahrnehmungen und die Fantasien, eine für die Bedürfnisse und die Willensimpulse und eine für das Bewusstsein. Mit dem Bewusstsein ist hier das übliche Bewusstsein des erwachsenen Menschen gemeint. So beinhaltet die Bewusstseinsgruppe vor allem die Gedanken, und zwar hauptsächlich jene Gedanken, mit denen der Mensch sich etwa seine Wahrnehmungen bewusst macht oder mit denen er bewusst über sich selbst und die Welt nachdenkt.

Alle Elemente oder Erscheinungsformen der verschiedenen Daseinsgruppen sind vergänglich. Auch das Ich oder Selbst des Menschen besteht nach Buddha lediglich aus vergänglichen Elementen der verschiedenen Daseinsgruppen, nämlich aus Gefühlen, Wahrnehmungen, Fantasien, Bedürfnissen, Gedanken, Willensimpulsen und Bewusstsein. Damit ist das Ich oder Selbst des Menschen insgesamt ebenfalls vergänglich. Allerdings besteht bei nahezu jedem Menschen eine starke Identifikation mit diesem Ich. So gibt es für Buddha einerseits das vergängliche Ich oder Selbst und andererseits das ewige Nirwana, aber ausdrücklich keine unsterbliche Seele des Menschen dazwischen.

Trotzdem ist der gewöhnliche Mensch nach Buddha in einem Kreislauf aus Wiedergeburten gefangen. Der Begriff des Samsara meint nicht nur allgemein die Erscheinungswelt, sondern vor allem speziell diesen Kreislauf der Wiedergeburten. Es wird in jenem Kreislauf allerdings keine unsterbliche Seele in einem jeweils neuen Leben wiedergeboren, denn eine solche Seele gibt es ja für Buddha nicht, sondern es findet hier lediglich die Geschichte eines Lebens in einem neuen Leben ihre Fortsetzung. Bei dieser Geschichte und ihrer Fortsetzung geht es vor allem um das Karma des jeweiligen Menschen. Der Begriff des Karma bezeichnet das moralische Gesetz der Ursachen und Wirkungen innerhalb des Kreislaufes der Inkarnationen oder Wiedergeburten. Ursachen sind dabei die Taten eines Menschen in seinem Leben und vor allem seine Absichten hinter diesen Taten. Diese Tatabsichten führen nicht nur zu entsprechenden Taten, sondern mit ihnen prägt der jeweilige Mensch zugleich auch sein Bewusstsein. Die karmischen Wirkungen schließlich bestehen in den Erbanlagen und in den Lebensumständen seiner Wiedergeburt.

Bei den Tatabsichten gibt es drei Arten, nämlich moralisch gute, moralisch schlechte und moralisch neutrale. Alle drei Arten von Tatabsichten sind insofern unzulänglich und ungünstig, als sie zu einer neuen Inkarnation veranlassen. Die Qualität dieser Wiedergeburt ist jedoch entsprechend dem Gesetz des Karma unterschiedlich. Ein Bewusstsein, das hauptsächlich von schlechten Tatabsichten geprägt ist, führt für das nächste Leben zu schlechten Erbanlagen und schlechten Umständen, eines, das hauptsächlich von guten Tatabsichten geprägt ist, führt hingegen zu einer relativ guten Wiedergeburt. In jedem neuen Leben entwickelt der Mensch ein neues Bewusstsein. Hier ist er in seinen Tatabsichten jeweils grundsätzlich frei. So kann er beispielsweise in einem schwierigen Leben trotzdem hauptsächlich gute Tatabsichten hervorbringen, also etwa in einem Leben, für das er schlechte Erbanlagen mitbekommen hat und bei dem er immer wieder mit schlechten Umständen konfrontiert wird. Doch auch ein relativ gutes Leben ist nach Buddha stets mit Leid behaftet, solange der jeweilige Mensch in den Kreislauf des Samsara verstrickt bleibt.

Gemäß Buddha sind insgesamt zwölf Komponenten der Existenz des gewöhnlichen Menschen verantwortlich für sein Verstricktsein in den Kreislauf des Samsara. Hierbei handelt es sich um (1) seine Unwissenheit, (2) unzulängliche Tatabsichten, (3) ein ungünstig geprägtes Bewusstsein, (4) den Körper, (5) die Sinne, (6) den sinnlichen Kontakt, (7) die Empfindungen, (8) das Begehren, (9) das Anhaften, (10) das Werden, (11) die Geburt und (12) den Tod. Insgesamt bestehen oder entstehen alle diese zwölf Komponenten lediglich aus Elementen der fünf Daseinsgruppen.

Die Unwissenheit (1) des gewöhnlichen Menschen besteht letztendlich aus seinem Unerleuchtetsein. Aus dieser Unwissenheit gehen die unzulänglichen Tatabsichten (2) hervor, mit denen der Mensch selbst sein Bewusstsein (3) ungünstig prägt. Solange ein Mensch ein ungünstig geprägtes Bewusstsein hat, wird er immer wieder in einem neuen Körper (4) geboren. Jeder Körper hat fünf Sinne (5) und ein Gehirn, welches den Menschen zum Denken befähigt. Wenn die Sinne oder das Denken mit äußeren Objekten unmittelbar oder vermittelt in Kontakt (6) kommen, entstehen daraus Empfindungen (7). Diese führen alsbald zum Begehren (8) und jenes wiederum zum Anhaften (9) an die Erscheinungswelt. Solange ein Mensch der Erscheinungswelt anhaftet, ist er in das Werden (10) dieser Welt verstrickt, also in den Kreislauf des Samsara. Das Werden führt hier immer wieder zu einer neuen Geburt (11) und diese führt stets auch zu Krankheit und Zerfall sowie schließlich zum Tod (12) – dem jeweils eine neue Inkarnation folgt, solange die Unwissenheit (1) bestehen bleibt.

Im Mittelpunkt der Lehre des Buddha stehen die sogenannten Vier Edlen Wahrheiten. Sobald ein Mensch diese Vier Edlen Wahrheiten wirklich begreift, beginnt er dadurch auch schon damit, seine Unwissenheit zu überwinden. Die erste dieser Wahrheiten besagt, dass das Leben des unerleuchteten Menschen stets zwangsläufig mit Leid behaftet ist. Die wichtigste Ursache dieses Leides ist gemäß der Zweiten Edlen Wahrheit die Gier oder das Begehren des Menschen. So verlangt der Mensch nahezu ständig auch nach solchen Erscheinungsformen, wie etwa Gegenständen oder Genüssen, deren er nicht habhaft werden kann oder die ihm früher oder später wieder abhanden kommen. Daraus entsteht das Leid. In der Dritten Edlen Wahrheit versichert Buddha, dass das Leid beendet werden kann, wenn der Mensch seine Gier und seine Unwissenheit überwindet. Der Weg dorthin ist der Weg zur Erleuchtung und zum Verlöschen im Nirwana. Diesen Weg beschreibt Buddha in der Vierten Edlen Wahrheit.

Der Weg zur Erleuchtung besteht aus acht Gliedern. Das erste Glied, die rechte Einsicht, beginnt mit dem Verstehen der Vier Edlen Wahrheiten. Der rechte Entschluss ist die Entscheidung, nach Erleuchtung zu streben. Weitere Glieder verlangen von dem jeweiligen Menschen nun eine moralisch einwandfreie Redeweise, ein moralisch einwandfreies Verhalten und eine moralisch einwandfreie Lebensführung. Die letzten drei Glieder beziehen sich auf die Meditation und bestehen hier in der rechten Anstrengung, der rechten Achtsamkeit und der rechten Sammlung. Die rechte Sammlung gipfelt schließlich in der Erleuchtung.

In der Erleuchtung vollendet sich die rechte Einsicht und damit wird zugleich auch die eigene Unwissenheit vollständig überwunden. Vor allem aber ist die Erleuchtung ein Verlöschen. Der jeweilige Mensch geht nun bewusstseinsmäßig ein in die reine Leere des Nirwana. Das Verlöschen ist dabei zugleich auch das Ende der Gier des jeweiligen Menschen und das Ende seiner Identifikation mit dem eigenen Ich oder Selbst. Übrig bleiben danach die Funktionen des Ichs wie Wahrnehmung, Erinnerung, Denken und Sprache. Diese werden von nun an gemäß der eigenen Erleuchtung wirksam. So handelt der jeweilige Mensch jetzt auch nicht mehr aus eigenen Absichten heraus, sondern nur noch unabhängig vom Gesetz des Karma im Einklang mit seiner Erleuchtung.

Vipassana-Meditation

Vipassana-Meditation ist eine Meditationsmethode, die denjenigen, der sie praktiziert, zu einer unmittelbaren Einsicht führen soll – und zwar vor allem zu einer Einsicht in die grundlegenden Merkmale der Existenz gemäß der Lehre des Buddha, so etwa in die Vergänglichkeit aller Erscheinungsformen und in die Leidbehaftetheit des unerleuchteten Lebens. Heutzutage existiert die Methode des Vipassana in verschiedenen Varianten, die alle mehr oder weniger direkt auf jenen Anleitungen zur Meditation basieren, die Buddha selbst gegeben hat.

In Buddhas Darstellung des achtgliedrigen Pfades zur Erleuchtung beziehen sich speziell die letzten drei Glieder auf die Meditation. Es handelt sich dabei um die Glieder der rechten Anstrengung, der rechten Achtsamkeit und der rechten Sammlung. Die rechte Anstrengung besteht in dem Bemühen, die eigenen Begierden und Aversionen zu überwinden und stattdessen eine Grundhaltung des Nichtwertens zu verwirklichen. Rechte Achtsamkeit heißt, sich möglichst oft und möglichst aufmerksam der eigenen Körperempfindungen, der eigenen Gefühle, der eigenen Willensimpulse und der eigenen Gedanken gewahr zu werden. Die rechte Sammlung besteht in der Verwirklichung von acht aufeinander folgenden Stufen der Versenkung, die auch als Dhyanas bezeichnet werden, und führt schließlich zum Eingehen des jeweiligen Menschen in das Nirwana.

Es sollen nun die zwei wichtigsten Varianten der Vipassana-Meditation vorgestellt werden. Diese werden in dem folgenden Text als organische und als systematische Vipassana-Meditation bezeichnet. Beide Varianten erfordern eine Grundhaltung des Nichtwertens und beinhalten zugleich die Verwirklichung von Achtsamkeit. Der Praktizierende sollte möglichst keine Begierden nach bestimmten Meditationserfahrungen entwickeln und auch keine Aversionen gegenüber anderen Meditationserfahrungen, sondern er sollte sich all seiner Meditationserfahrungen nichtwertend gewahr werden.

Die Körperhaltung, in der die Vipassana-Meditation durchgeführt wird, ist eine des strammen Sitzens, beispielsweise im Schneidersitz auf einem festen Kissen. Der Rücken sollte gerade gehalten werden und der Kopf aufrecht. Die Augen werden für gewöhnlich geschlossen. Die Meditationszeit kann zwanzig Minuten betragen oder auch eine Stunde. Während dieser Zeit sollte sich der Praktizierende möglichst nicht bewegen. Die Aufmerksamkeit wird jeweils auf eine bestimmte Art von Inhalten des eigenen Erlebens gerichtet, die dem Praktizierenden als Meditationsobjekt dienen.

Bei der organischen Vipassana-Meditation ist das wichtigste Meditationsobjekt der eigene Atem. Der Praktizierende verweilt hier mit seiner Aufmerksamkeit bei solchen Bewegungen seines Atems, die er spüren oder empfinden kann, etwa im Bauchbereich – und er wird sich dieser Bewegungen jeweils mit Achtsamkeit gewahr. Immer wieder jedoch treten andere Inhalte auf, Gedanken oder Gefühle oder vielleicht auch Geräusche, die ihn vom Gewahrsein seines Atems ablenken, sich in den Vordergrund seiner Aufmerksamkeit drängen und jene oft sogar absorbieren. Hier werden solche Inhalte dann jeweils organisch in den Meditationsprozess mit einbezogen. Sobald der Praktizierende bemerkt, dass entsprechende Inhalte seine Aufmerksamkeit in Anspruch genommen haben, geht er dazu über, sich nun ihrer mit Achtsamkeit und ohne Wertung gewahr zu werden. Mitunter treten dabei aber auch wertende Gedanken oder Gefühle auf, missbilligende oder ärgerliche etwa. Solche Gedanken oder Gefühle sollten dann ebenfalls mit Achtsamkeit und ohne Wertung wahrgenommen werden. Wenn keine Gedanken oder Gefühle mehr seine Aufmerksamkeit beanspruchen, kehrt der Praktizierende mit ihr wieder zu seinem Atem zurück. Als Hilfe zur Verwirklichung von Achtsamkeit mag der Praktizierende den Inhalt, auf den seine Aufmerksamkeit jeweils gerade gerichtet ist, zusätzlich noch mit seinem Verstand durch einen einfachen Begriff registrieren. Das Gewahrsein der eigenen Atembewegung unterstützt er hierbei durch die Begriffe ›ein‹ und ›aus‹, die Achtsamkeit bezüglich Gedanken oder Gefühlen etwa mit Begriffen wie ›denken‹ und ›fühlen‹.

Bei der systematischen Vipassana-Meditation wandert der Prakti-zierende mit seiner Aufmerksamkeit langsam Schritt für Schritt durch seinen Körper. Dabei nimmt er jeweils genau diejenigen Empfindun-gen mit Achtsamkeit und möglichst ohne Wertung wahr, die aus derjenigen Körperstelle hervorgehen, auf die er gerade seine Auf-merksamkeit gerichtet hat. Er beginnt den Meditationsprozess damit, dass er seine Aufmerksamkeit innerlich zur obersten Stelle seines Kopfes richtet. Dort verweilt er dann mit ihr kurz und nimmt die Kör-perempfindungen wahr, die an jener Stelle spürbar sind. Sobald er hier irgendeine Empfindung wahrgenommen hat, geht er mit seiner Aufmerksamkeit zu einem der angrenzenden Bereiche des Kopfes weiter, verweilt dort ebenfalls kurz und nimmt dort wiederum die Körperempfindungen wahr, die an jener Stelle spürbar sind. Nimmt er hier keine Empfindung wahr, dann verweilt er in diesem Bereich mit seiner Aufmerksamkeit trotzdem für eine kurze Zeit. Dabei sollte er aber weder eine Begierde nach einer Empfindung entwickeln, noch eine Aversion gegen die dort vorherrschende Empfindungslo-sigkeit. Schließlich geht er zur nächsten Körperstelle über. Auf diese Weise wandert der Meditierende mit seiner Aufmerksamkeit syste-matisch Schritt für Schritt durch seinen Körper und nimmt dabei jeweils ein Gebiet mit Achtsamkeit wahr, das ungefähr so groß ist, wie ein Handteller. Die Empfindungen, die er dort spürt, dienen ihm jeweils als Meditationsobjekt. Auch bei dieser Vorgehensweise treten immer wieder Bewusstseinsinhalte auf, die die Aufmerksamkeit des Praktizierenden absorbieren und ihn dadurch von seiner inneren Wanderung durch den eigenen Körper ablenken. Hier setzt der Praktizierende diese innere Wanderung einfach wieder fort, sobald es ihm gelungen ist, sich aus der Absorbiertheit durch jene Bewusst-seinsinhalte zu befreien. Ist der Praktizierende mit seiner Aufmerk-samkeit bei den Füßen angelangt, so mag er nun entweder umge-kehrt von den Füßen zurück zum Kopf wandern oder er beginnt seine innere Wanderung gleich wieder oben beim Kopf. Wenn der Meditierende in der Praxis dieser Methode weiter fortgeschritten ist, dann braucht er mit seiner Aufmerksamkeit nicht mehr extra an den einzelnen Stellen zu verweilen, sondern kann mit ihr einfach langsam durch seinen ganzen Körper fließen und doch an jeder Stelle Empfindungen verspüren.

Beide beschriebenen Varianten des Vipassana führen über kurz oder lang in die verschiedenen Stufen der Versenkung. Wenn dem Praktizierenden hier für eine gewisse Zeit des Meditierens eine ablenkungsfreie Versenkung in sein Meditationsobjekt gelingt, dann erreicht er damit das erste Dhyana, also die erste von acht Stufen der Versenkung. In diesem Dhyana ist der Meditierende vollständig in das Gewahrsein seines Meditationsobjektes versunken. Er ist sich nun nur noch seines Atems oder seiner Körperempfindungen gewahr, ohne dabei von anderen Sinneswahrnehmungen oder von irgendwelchen Gedanken oder Gefühlen gestört zu werden. Aus solcher Einsinnigkeit erwächst Ekstase. Im zweiten Dhyana transzendiert der Praktizierende mit seinem Gewahrsein sein Meditationsobjekt und ist sich nur noch der Ekstase gewahr. Dadurch vertieft sich hier zugleich die Einsinnigkeit. Das dritte Dhyana erreicht der Meditierende, wenn er durch die Ekstase hindurch zu einer tiefen Gelassenheit gelangt. Auf der vierten Stufe der Versenkung ruht der Praktizierende in einem tiefen inneren Frieden, ohne noch irgendetwas wahrzunehmen oder zu erleben, zu fühlen oder zu denken. Im fünften Dhyana wird der Meditierende aus seinem inneren Frieden heraus unmittelbar des unendlichen Raumes um sich herum gewahr und im sechsten Dhyana erfährt er diesen unendlichen Raum als ein endloses Bewusstsein. Auf der siebten Stufe der Versenkung erweist sich für ihn das endlose Bewusstsein als vollkommen leer und auf der achten Stufe lösen sich für ihn alle Erfahrungsmöglichkeiten in die Leere dieses endlosen Bewusstseins hinein auf. So erfährt der Praktizierende im achten Dhyana das endlose Bewusstsein jenseits von allen Erfahrungen, die innerhalb dieses Bewusstseins möglich sind. Oberhalb der acht Dhyanas liegt die eigentliche Erleuchtung. Diese erlangt der Meditierende, wenn er sich auch selbst bewusstseinsmäßig in die Leere des endlosen Bewusstseins hinein auflöst.

Zazen

Zazen heißt das Sitzen in Meditation im Zen-Buddhismus. Das Zen ist eine Strömung des Buddhismus, die im sechsten Jahrhundert von Bodhidharma in China begründet wurde und die heutzutage hauptsächlich in Japan beheimatet ist. Innerhalb des japanischen Zen gibt es zwei große spirituelle Schulen, und zwar die Rinzai-Schule und die Soto-Schule. In beiden Schulen ist die wichtigste spirituelle Übung das Zazen, die Meditation im Sitzen. Diese Meditationsmethode wird hier in ihrer Grundform jeweils ähnlich praktiziert. Wenn ein Schüler des Zen die Grundform des Zazen gut genug beherrscht, dann geht er zu einer fortgeschrittenen Form von Zazen über. Bezüglich dieser fortgeschrittenen Form gibt es jedoch zwischen den beiden Zen-Schulen wichtige Unterschiede: In der Rinzai-Schule wird das Zazen nun mit einem sogenannten Koan praktiziert, in der Soto-Schule hingegen als reines Sitzen. Doch betrachten wir zunächst die Grundform des Zazen.

Die körperliche Haltung des Sitzens, in der das Zazen praktiziert wird, ist ziemlich genau festgelegt: Für gewöhnlich sitzt der Praktizierende hier auf einem festen runden Kissen, das unmittelbar auf dem Fußboden liegt oder auch auf einer Matte. Er hält seinen Oberkörper gerade und seinen Kopf aufrecht. Die Beine sind im besten Fall so miteinander verschränkt, dass der rechte Fuß auf dem linken Oberschenkel liegt und der linke Fuß auf dem rechten Oberschenkel. Diese Sitzhaltung wird als vollständiger Lotussitz bezeichnet. Es gibt aber auch zwei mildere Formen dieses Sitzes, und zwar den halben und den viertel Lotussitz: Bei diesen Sitzarten legt der Meditierende nur einen Fuß entweder auf den gegenüberliegenden Schenkel oder auch bloß auf die Wade des gegenüberliegenden Beines und den anderen Fuß lässt er einfach unter dem gegenüberliegenden Schenkel liegen. Was die Hände angeht, so wird die rechte Hand für die Zen-Meditation mit der Handfläche nach oben in den Schoß gelegt und die linke daraufhin mit der Handfläche nach oben in die rechte; die beiden Daumen berühren einander in einigem Abstand über den

Handflächen, und zwar so, dass sie zusammen mit diesen einen ovalen Ring bilden. Die Augen bleiben geöffnet, wobei der Blick gesenkt ist, ohne auf etwas Bestimmtes gerichtet zu sein. Wenn es dem Praktizierenden irgend möglich ist, verbleibt er für die gesamte Dauer der Meditationssitzung in der einmal eingenommenen Haltung ohne sich zu bewegen.

Während die Zen-Meditation von der körperlichen Haltung her im Sitzen durchgeführt wird, ist sie von der geistigen Haltung her vor allem ein stetiges Bemühen um Achtsamkeit. Dieses Streben nach Achtsamkeit ist das wichtigste Anliegen in der Grundform des Zazen. Damit es möglichst gut gelingt, erhält der Schüler bei der Grundform des Zazen dafür als Hilfsmittel ein Meditationsobjekt, also einen festgelegten Inhalt, auf den hin er seine Aufmerksamkeit ausrichten kann. Dieses Hilfsmittel ist in der Grundform des Zazen der eigene Atem. Der Meditierende beobachtet hier kontinuierlich und aufmerksam seine Atemzüge, und mitunter zählt er sie zugleich auch noch in Gedanken. Beim Zählen der Atemzüge wird üblicherweise sowohl das Einatmen als auch das Ausatmen gezählt, wobei der Meditierende hier immer nur von eins bis zehn oder sogar nur von eins bis vier zählt und dann jeweils wieder von vorne beginnt. Das Beobachten der Atemzüge und ihr Zählen dienen dabei ausschließlich dem Zweck, die eigene Aufmerksamkeit möglichst kontinuierlich in der jeweils gegenwärtigen Erfahrung zu halten und so Achtsamkeit zu verwirklichen.

Für gewöhnlich dringen allerdings während der Meditation beinahe ständig irgendwelche Gedanken, Fantasien, Gefühle, Erinnerungen oder auch Geräusche in das bewusste Erleben des Praktizierenden, die ihn leicht dazu verleiten können, sich mit seiner Aufmerksamkeit in Überlegungen und Emotionen zu verstricken, welche sich auf vergangene oder zukünftige oder auch nur auf rein imaginäre Ereignisse beziehen und die ihn dadurch dann in seinem Bemühen um Achtsamkeit stören. Hier ist der Praktizierende nun bei der Grundform des Zazen dazu angehalten, mit seiner Aufmerksamkeit stets zur Atmung zurückzukehren, sobald er bemerkt, dass er davon abgekommen ist. Die Rückkehr zur Atmung sollte dabei unverzüglich erfolgen, ohne dass der Praktizierende vorher versucht, die störenden Bewusstseinsinhalte loszuwerden oder ihnen nachzugehen. Der Meditierende konzentriert sich also bei der Grundform des Zazen immer wieder neu auf seine Atmung und lässt ansonsten alle anderen Bewusstseinsinhalte einfach so kommen und gehen, wie sie von selbst in seinem bewussten Erleben auftauchen und wieder aus ihm verschwinden.

Wenn ein Schüler des Zen die gerade beschrieben Grundform des Zazen gut genug beherrscht, dann geht er zu einer fortgeschrittenen Form von Zazen über. Hier gibt es für die beiden Zen-Schulen jeweils unterschiedliche Formen: In der Rinzai-Schule des Zen besteht die entscheidende Veränderung darin, dass der Schüler nun mit einem Koan meditiert. Dabei handelt es sich um eine reichlich absurde Denkaufgabe, die letztendlich durch den Verstand nicht gelöst werden kann. Fast alle Koans enthalten Aussprüche von berühmten Zen-Meistern der Vergangenheit. Viele von ihnen haben dabei die Form eines Dialoges zwischen einem Schüler, dem Zen-Mönch, und einem Lehrer, dem Zen-Meister; andere Koans hingegen bestehen einfach nur aus dem Ausspruch eines Meisters. Eines der bekanntesten Koans ist der folgende Ausspruch des Zen-Meisters Hakuin: „Schlägst Du beide Hände zusammen, gibt es einen Ton. Aber was ist der Ton der einen Hand?" Beinahe genauso bekannt ist diese Frage des Zen-Meisters Hui-neng: „Was ist dein ursprüngliches Antlitz in eben diesem Augenblick?"

Im Rinzai-Zen erhält der Schüler früher oder später von seinem Lehrer solch ein Koan um es zu lösen. Er meditiert daraufhin weiter in der Weise des Zazen, aber er richtet seine Aufmerksamkeit jetzt nicht mehr auf den Atem, sondern stattdessen auf das Koan. Dieses wird für ihn nun zum Meditationsobjekt und gleichzeitig zum Gegenstand seines Denkens. Er denkt während des Meditierens über das Koan nach, wendet es in Gedanken hin und her, durchdringt es mit aller Intensität seines Denkens und versucht auf eine solche Art und Weise, das Koan mit seinem Verstand zu bewältigen. Obwohl das

Koan durch Denken letztendlich nicht gelöst werden kann, ist doch dies zunächst der richtige Weg, um mit ihm zu arbeiten. Schließlich erwartet der Meister von ihm als Lösung eine Antwort auf das Koan.

Je intensiver der Zen-Schüler sein Koan durch Denken zu bewältigen versucht, desto mehr wird er in seinem Verstand eins mit seinem Koan. Irgendwann geschieht es ihm dann plötzlich, dass er das Denken für einen Augenblick vollständig aufgibt. Nun gelangt er über seinen Verstand hinaus direkt in die spirituelle Dimension seiner Existenz, in sein ursprüngliches Antlitz. Er hört jetzt den Ton der einen Hand. Das Koan, die Denkaufgabe, hat bei ihm zu einer Aufgabe des Denkens geführt.

Die eigentliche Lösung eines Koans besteht in einer Erfahrung des spirituellen Selbst, der eigenen Buddha-Natur, oder sogar in der Erfahrung von Satori, der Erleuchtung. Die richtige Antwort auf ein Koan ist deshalb immer eine, die direkt aus einer solchen spirituellen Erfahrung heraus entspringt. Solange der Schüler seine eigene Buddha-Natur oder gar die Erleuchtung noch nicht erfahren hat, kann er dem Meister auch nicht die richtige Antwort geben. Sobald ihm aber eine entsprechende Erfahrung zuteil geworden ist, stellt alles, was er sagt oder tut, auch schon die richtige Antwort dar – wenn es nur unmittelbar aus jener Erfahrung hervorgeht.

Die andere große Schule des Zen, neben der Rinzai-Schule, ist das Soto-Zen. Hier besteht die fortgeschrittene Art des Zazen darin, dass der Schüler jetzt ohne jedes Meditationsobjekt meditiert. Diese Art des Zazen wird auch als Shikantaza bezeichnet, was so viel bedeutet wie: einfach nur sitzen.

Die Methode des Shikantaza besteht darin, zu sitzen und sich um Achtsamkeit zu bemühen. Allerdings erhält der Schüler hier keinen wie auch immer gearteten Inhalt, auf den er seine Aufmerksamkeit richten kann: Es gibt beim Shikantaza keinerlei Meditationsobjekt. Außerdem gibt es beim Shikantaza auch kein Ziel. Um diese Methode richtig praktizieren zu können, muss der Schüler jegliches Streben nach einem Nutzen aufgeben, sogar das Streben nach Erleuchtung. Die reine Leere des Nirwana durchdringt alles, was existiert oder geschieht, vollständig – und damit auch das eigene Sitzen in Meditation. Shikantaza zu praktizieren bedeutet einfach, mit Achtsamkeit in dieser reinen Leere zu sitzen.

Die spirituelle Entwicklung des Schülers ergibt sich im Soto-Zen aus der Praxis des Shikantaza heraus von selbst: Der Schüler entwickelt sich innerlich mit jeder Stunde weiter, in der er diese Methode ausübt. Irgendwann erlangt er dann Satori, die Erleuchtung: Jetzt sitzt er nicht nur in der reinen Leere, sondern er erfährt diese nun zugleich auch direkt als ein Verlöschen seiner selbst.

Tantra

Tantra heißt Verwobensein und verweist im tantrischen Buddhismus auf das Verwobensein von allen Phänomenen oder Erscheinungsformen. Das buddhistische Tantra ist eine Strömung des Buddhismus, die vor allem in Tibet gepflegt wurde. Diese Strömung begreift alle Dinge und Wesen als miteinander verwoben und alle Handlungen und Ereignisse ebenfalls – also die gesamte Vielfalt von Materie und Geist, Außenwelt und Innenwelt, Mikrokosmos und Makrokosmos. Hinter dieser Vielfalt befindet sich die reine Leere des allumfassenden Bewusstseins, nämlich das Nirwana. Dieses Nirwana ist die tiefere Wirklichkeit. Vajra, der Diamant, ist das Symbol des tantrischen Buddhismus. Er steht für die Vollkommenheit und die Makellosigkeit der reinen Leere hinter der Vielfalt der miteinander verwobenen Phänomene. Letztendlich aber sind alle Formen und die reine Leere nur zwei Seiten ein und derselben nichtdualen Wirklichkeit.

Etwas differenzierter unterscheidet der tantrische Buddhismus hier vier Leiber, die für vier Welten stehen: Nirmanakaya ist der Leib der irdischen Schöpfung. Er steht für die materielle Welt der physikalischen Stoffe und Energien bis hin zu der inneren Welt der Gedanken und Emotionen. Sambhogakaya, der Leib der überirdischen Wonne, verkörpert die himmlische Welt der transzendenten Gott-

heiten. Dharmakaya ist der Leib der Wahrheit. Er steht für die formlose Welt der reinen Leere. Svabhavikakaya schließlich, der Leib der
Eigennatur, ist die nichtduale Integration aller Leiber und Welten.

Die materielle Wirklichkeit des Menschen, die zum Nirmanakaya
gehört, wird im tantrischen Buddhismus ihrerseits wiederum in sechs
Bereiche untergliedert, in denen jeweils eine menschliche Geburt
oder Wiedergeburt stattfinden kann. Diese Bereiche haben ziemlich
plakative Bezeichnungen. Es handelt sich hierbei um die Bereiche
der Götter, der Titanen, der Tiere, der Höllenwesen, der Hungernden
und schließlich der Menschen. In den zuerst genannten fünf Bereichen hat der Mensch kaum eine Chance auf eine spirituelle Befreiung. Der Bereich der Hölle umfasst alle diejenigen Menschen, die
nahezu unaufhörlich von starken Ängsten oder unerträglichen
Schmerzen heimgesucht werden, und der Bereich der Tiere jene, die
hauptsächlich ihren aggressiven oder sexuellen Leidenschaften frö-
nen. Als Götter werden die äußerst Wohlhabenden bezeichnet und
als Titanen die überaus Erfolgreichen. Der Bereich der Hungernden
umfasst nicht nur diejenigen, die tatsächlich nichts zu Essen haben,
sondern vor allem auch diejenigen, die ständig geplagt sind von
einer unersättlichen Gier nach immer noch mehr Besitz oder noch
mehr Vergnügen. Zum menschlichen Bereich schließlich gehören
jene Menschen, deren Verstand klar genug ist, sodass sie mit ihm
ihrer Zugehörigkeit zur Art des Homo sapiens wirklich gerecht zu
werden vermögen.

Nur Menschen mit einem solchen klaren Verstand können die
Möglichkeit einer spirituellen Befreiung ernsthaft in Erwägung ziehen. Die Bewohner der anderen Bereiche hingegen sind hierfür zu
sehr in ihre Aktivitäten verstrickt oder von ihrem Erleben gebannt,
also etwa zu sehr darin verstrickt, nach Erfolg zu streben oder um ihr
Überleben zu kämpfen, oder zu sehr gebannt von ihren Ängsten und
Schmerzen oder von ihrem Luxus und ihrer Macht. Deshalb rät der
tantrische Buddhismus jedem Menschen, der bei klarem Versand ist,
die Gunst seiner Aufenthaltes im menschlichen Bereich zu nutzen
und sich tatsächlich um seine spirituelle Befreiung zu kümmern. Die

einzelnen Bereiche symbolisieren dabei jedoch nicht nur lebens-
lange Existenzweisen in der Folge der Wiedergeburten, sondern
auch unterschiedliche Phasen im Verlauf einer einzelnen Inkarnation
sowie unterschiedliche Stimmungen während eines Tages.

Weit jenseits der sechs Bereiche, in denen wir Menschen wiedergeboren werden können, existiert Sambhogakaya, die himmlischen
Welt. Dort gibt es gemäß dem tantrischen Buddhismus zahlreiche
transzendente Gottheiten. Bei ihnen handelt es sich jeweils um
überirdische Verkörperungen oder Personifizierungen von verschiedenen Kräften des Universums. Der tantrische Buddhismus kennt
hier sowohl männliche wie auch weibliche und sowohl friedliche wie
auch zornige Gottheiten.

Die wichtigsten transzendenten Gottheiten des tantrischen Buddhismus sind die fünf Dhyani-Buddhas. Sie heißen Akshobhya,
Ratnasambhava, Amitabha, Amoghasiddhi und Vairochana. Ihnen
werden im tantrischen Buddhismus sowohl die verschiedenen Faktoren der fünf Daseinsgruppen zugeordnet wie auch fünf dazu passende Komponenten der Erleuchtung. So gehört zu Akshobhya als
Daseinsgruppe die Materie und als Erleuchtungskomponente die
unerschütterliche Festigkeit. Ratnasambhava verkörpert von den
Daseinsfaktoren die Gefühle und von den Erleuchtungskomponenten
das gleichmachende Mitgefühl. Zu Amitabha gehört als Daseinsgruppe diejenige der Wahrnehmungen und als Erleuchtungskomponente diejenige der unterscheidenden Klarsicht. Amoghasiddhi symbolisiert von den Daseinsfaktoren die Willensimpulse und von den
Erleuchtungskomponenten das karmalose Wirken. Zu Vairochana
schließlich gehört von den Daseinsfaktoren das Bewusstsein, während er von den Erleuchtungskomponenten die absolute Weisheit
verkörpert.

Im tantrischen Buddhismus sind nun gerade die Dhyani-Buddhas
wichtige Bezugspunkte für die Meditationspraxis. Häufig vergegenwärtigt sich der Meditierende durch konzentrierte Visualisierung
einen der fünf Dhyani-Buddhas in seinem Bewusstsein. Die Visualisierung wird dabei äußerst detailliert durchgeführt, mit allen Einzel-

heiten des Aussehens, der Gestik und der Bekleidung des jeweiligen Buddhas. Zunehmend beinhaltet diese Vorgehensweise auch eine Identifikation des Meditierenden mit dem entsprechenden Buddha. Je weiter er in dieser Praxis voranschreitet, desto mehr erreicht der Meditierende dadurch mit seinem Bewusstsein eine höhere Stufe, die ihm gleichsam als subtile Zwischenstufe dient, um von dort aus relativ leicht in eine Erfahrung der reinen Leere gelangen zu können.

Neben Visualisierungen der Dhyani-Buddhas gibt es im tantrischen Buddhismus aber auch noch viele andere Hilfsmittel für die Meditation, wie insbesondere Mandalas, Mudras und Mantras. Oft werden diese Hilfsmittel mit Visualisierungen der Dhyani-Buddhas kombiniert angewandt. Sie können aber auch unabhängig von solchen Visualisierungen eingesetzt werden.

Bei den Mandalas des tantrischen Buddhismus handelt es sich um geometrische Schaubilder, die symmetrisch aufgebaut und auf ihre jeweilige Mitte hin ausgerichtet sind. Sie bestehen aus mehreren verzierten und ineinander gefügten Quadraten und Kreisen. Mitunter befinden sich in der Mitte eines solchen Schaubildes die fünf Dhyani-Buddhas. Stets sind in einem Mandala wichtige Inhalte der Lehre des tantrischen Buddhismus symbolisch dargestellt. Wird ein solches Mandala für die Meditation verwendet, dann geht es dabei um eine innere Visualisierung des jeweiligen Schaubildes, die exakt aufgebaut und dann jeweils für die gesamte Dauer der Übung aufrecht erhalten werden sollte.

Mudras sind symbolische Gesten, die aus genau festgelegten Haltungen der Hände und Finger bestehen. Die wichtigste Geste ist hier die Dhyani-Mudra, die zentrale Meditationsgeste. Bei dieser Mudra werden die Hände vor dem Körper mit nach oben gewendeten Handflächen ineinander gelegt, wobei sich die Daumen mit den Spitzen leicht berühren. Sie hilft dem Übenden, wenn er sie während der Meditation einnimmt, sich die Möglichkeit der Erleuchtung zu vergegenwärtigen. Andere Gesten haben andere Bedeutungen. So gibt es auch beispielsweise eine Mudra der Unerschütterlichkeit und eine der Furchtlosigkeit.

Bei den Mantras handelt es sich um heilige Laute wie ›Om‹ oder ›Hum‹. Die Meditation mit solchen Mantras besteht darin, dass einer dieser Laute während der Übung andauernd wiederholt wird, und zwar entweder laut gesungen oder auch still gedacht. Die wichtigsten Mantras des tantrischen Buddhismus sind dabei mit den fünf Dhyani-Buddhas verbunden. Wenn der Übende mit einem dieser Mantras meditiert, so öffnet er sich dadurch in seinem Bewusstsein nach und nach immer mehr zu dem entsprechenden Dhyani-Buddha hin. Dieser mag ihm dann als ein Durchgangsstadium dienen, um von dort aus die reine Leere hinter allen Erscheinungen zu erreichen.

Mitunter wird im tantrischen Buddhismus die Meditationspraxis auch auf ein Objekt der eigenen Begierde ausgerichtet. Hier wird dann beispielsweise der Anblick von kostbaren Edelsteinen oder die sexuelle Lust während des Geschlechtsverkehrs zum Inhalt der Meditation. Je mehr der Übende bezüglich dieses Inhaltes meditative Achtsamkeit verwirklicht, desto weiter befreit er sich aus seiner inneren Verstrickung in die entsprechende Begierde.

Yoga

Der Yoga ist die Mystik des Hinduismus. Er beinhaltet mehrere verschiedene Wege der spirituellen Weiterentwicklung: Bei dem Bhakti-Yoga handelt es sich um den Weg über die liebende Hingabe an eine göttliche Person. Der Karma-Yoga besteht darin, alle Früchte des eigenen Handelns jeweils dem höchsten Absoluten darzubieten. Im Jnana-Yoga befreit sich der Praktizierende vor allem durch zielgerichtetes Denken nach und nach aus seinen Verstrickungen in die Erscheinungswelt. Diese drei Yoga-Wege werden bereits in der Bhagavadgita erläutert, einer heiligen Schrift des Hinduismus, die vor über zweitausend Jahren verfasst wurde. Ein weiterer Yoga-Weg ist der von Patanjali begründete Pfad über die Meditation. Er ist ebenfalls schon ungefähr zweitausend Jahre alt und wird heutzutage meistens als Raja-Yoga bezeichnet. Der im Westen bekannteste Yoga-Weg, der Hatha-Yoga, ist hingegen relativ neu.

Hatha-Yoga

Hatha-Yoga ist der Yoga-Weg über die Körperübungen. Er wurde im elften Jahrhundert unserer Zeitrechnung in Indien von Goraksanatha begründet. Die Körperübungen werden im Hatha-Yoga als Asanas bezeichnet. Neben den Asanas gibt es im Hatha-Yoga auch Atemübungen, Pranayama genannt, und Meditationstechniken.

Letztendlich geht es im Hatha-Yoga darum, über eine Erweckung der inneren Kundalini-Energie schließlich die höchste Erleuchtung zu erlangen. Bei der Kundalini-Energie handelt es sich um die individualisierte Variante der weiblichen Göttin Shiva. Im Hatha-Yoga ist das höchste Absolute die Einheit aus Shiva und Shakti, des männlichen Gottes und der weiblichen Göttin.

Der männliche Shiva ist der in sich ruhende Transzendente und die weibliche Shakti ist die schöpferisch wirkende Kraft. Während Shiva gleichsam im Himmel wohnt, befindet sich Shakti als spirituelle Kundalini-Energie schlafend und verborgen im Becken eines jeden Menschen. Sie kann dort aber erweckt werden und dann von dort aus in dem jeweiligen Menschen aufsteigen. Wenn die spirituelle Kundalini-Energie in einem Menschen vollständig aufgestiegen ist, vereinigt sie sich schließlich als individualisierte Shakti mit dem transzendenten Shiva. Dadurch erlangt der jeweilige Mensch die höchste Erleuchtung.

Die Aktivierung der spirituellen Kundalini-Energie wird im Hatha-Yoga in mehreren Schritten angegangen: Zunächst einmal öffnet der Übende hier seinen Körper mithilfe der Asanas dafür, dass eine fein-stoffliche Energie, die als Prana bezeichnet wird, in ihm möglichst frei fließen kann. Dann praktiziert er Atemübungen, um vermehrt Prana-Energie in sich aufzunehmen und um zugleich seinen Geist zu beruhigen. Wenn er genügend Prana-Energie in sich angesammelt hat, kann er damit die Kundalini-Energie in sich erwecken und zum Aufsteigen veranlassen. Je ruhiger sein Geist ist, desto leichter steigt sie in ihm auf. Durch den Einsatz von Meditationstechniken fördert der Übende den Aufstieg der spirituellen Kundalini-Energie in sich, bis er schließlich die höchste Erleuchtung erlangt.

Die Asanas des Hatha-Yoga bestehen aus bestimmten Körperstellungen, in die sich der Praktizierende über genau festgelegte Bewegungsabläufe begibt und in denen er dann jeweils für eine kurze Zeit verweilt. Die Ausgangsposition ist dabei stets eine, in welcher der Praktizierende sitzt oder liegt. Es gibt viele verschiedene Asanas, von denen hier nur einige wenige kurz vorgestellt werden können.

Eine der bekanntesten Asanas ist der Schulterstand. Im Hatha-Yoga heißt er Sarwanga-Asana. Ausgangsposition für dieses Asana ist die Rückenlage. Aus jener Lage heraus hebt der Praktizierende erst einmal seine Beine langsam an, bis diese gerade nach oben zeigen. Daraufhin bewegt er seinen Rumpf mit dem Gesäß voran nach oben und führt dabei die Beine zunächst ungefähr waagerecht über sein Gesicht hinweg. Nun stützt er mit den Händen seinen Rücken ab. Jetzt richtet er seine Beine wieder senkrecht nach oben hin aus. In der Körperstellung, die er dadurch erreicht, verweilt er dann für einige Minuten. Daraufhin lässt er erst seinen Rumpf langsam wieder zum Boden herab, und dann seine Beine. So erreicht er schließlich wieder seine Ausgangsposition in der Rückenlage.

Das Matsya-Asana ist die Fisch-Stellung. Bei dieser Übung sitzt der Praktizierende zu Anfang aufrecht und mit gekreuzten Beinen auf dem Boden. Er beginnt dann damit, dass er seine Hände rechts und links neben und zugleich etwas hinter sein Gesäß legt. Daraufhin beugt er sich mit seinem Rumpf nach hinten, bis seine Ellenbogen auf dem Boden ruhen. Nun senkt er seinen Kopf hinter dem Rumpf auf den Boden. Anschließend legt er die Hände auf seine Oberschenkel. In dieser Stellung verbleibt der Praktizierende für ungefähr eine halbe Minute. Danach bewegt er sich langsam wieder in seine anfängliche Sitzposition zurück.

Ein weiteres Asana ist das Bhudschanga-Asana, die Kobra-Stellung. Bei diesem Asana liegt der Praktizierende am Anfang flach auf dem Bauch, mit seiner Stirn direkt auf dem Boden. Er schiebt nun zunächst sein Kinn nach vorne, hebt dann erst den Kopf langsam an, und danach den gesamten Oberkörper. Schließlich drückt er mit seinen Armen gegen den Boden, um den Rumpf noch weiter aufzurichten; das Becken und die Beine bleiben dabei am Boden. Hat er mit seinem Kopf den höchstmöglichen Punkt erreicht, so hält er sich für mehrere Sekunden in dieser Position. Daraufhin kehrt er mit seinem Oberkörper langsam wieder in seine Ausgangslage zum Boden zurück.

Den Abschluss einer Reihe von Körperübungen bildet für gewöhnlich das Sawa-Asana, die sogenannte Leichen-Position. Sie dient der Entspannung. Der Praktizierende liegt bei dieser Übung auf dem Rücken und wandert mit seiner Aufmerksamkeit innerlich langsam mehrmals durch seinen Körper.

Mithilfe der Asanas löst der Übende in seinem Körper muskuläre Verspannungen und zugleich löst er auch über seinen Körper in seinem Seelenleben emotionale Blockaden. So öffnet er mit diesen Übungen seinen Körper immer mehr dahingehend, dass das Prana in ihm frei fließen kann. Bei diesem Prana handelt es sich um eine feinstoffliche Energie, die überall im Universum vorhanden ist – und zwar besonders dort, wo Leben existiert. Dementsprechend wirkt sie auch im Menschen als Lebensenergie. Aufgenommen werden kann sie von ihm am leichtesten über den Atem.

Wenn der Praktizierende des Hatha-Yoga die wichtigsten Asanas gut beherrscht, ergänzt er sie durch Atemübungen. Diese dienen ihm zunächst einmal dafür, um weiteres Prana in sich aufzunehmen und um seinen Geist zu beruhigen. Die grundlegende Übung des Pranayama ist die vollständige Yoga-Atmung. Hier lernt der Praktizierende, mit jedem Einatmen möglichst viel Atemluft in sich aufzunehmen und sie beim Ausatmen auch wieder möglichst vollständig abzugeben. Dadurch erwirbt er mit jedem Atemzug zugleich eine möglichst große Menge an Prana-Energie. Bei der Kumbhaka-Übung trainiert sich der Praktizierende darin, zwischen Ausatmen und Einatmen sowie zwischen Einatmen und Ausatmen jeweils eine längere Pause von mehreren Sekunden zu machen. Mithilfe dieser Übung beruhigt er nach und nach seine Atmung und damit zugleich auch sein Geist. Andere Atemübungen helfen dem fortgeschrittenen Praktizierenden schließlich dabei, das Prana aus der Atemluft direkt in sein Becken zu lenken, um damit nach und nach die dort schlafende Kundalini-Energie zu wecken. Sobald die spirituelle Kundalini erweckt ist, beginnt sie in dem jeweiligen Menschen aufzusteigen und zu wirken.

Je weiter die Kundalini in dem jeweiligen Menschen aufsteigt und je intensiver sie in ihm wirkt, desto mehr beruhigt sich auch durch ihr Wirken sein Geist. Der Aufstieg der Kundalini und die Beruhigung des Geistes beeinflussen sich dabei wechselseitig, denn je ruhiger der Geist des jeweiligen Menschen wird, desto leichter kann wiederum die Kundalini in ihm aufsteigen. So gibt es im Hatha-Yoga neben den Atemübungen auch Meditationstechniken, mit denen ebenfalls eine Beruhigung des Geistes und damit der Aufstieg der Kundalini-Energie gefördert werden kann.

Die wichtigste dieser Techniken ist die Meditation mit dem Mantra ›Om‹. Bei einem Mantra handelt es sich um ein Meditationswort. Die Meditation mit einem solchen Wort verläuft über eine ständige konzentrierte Wiederholung des jeweiligen Mantras, bei der jenes entweder fortlaufend laut ausgesprochen oder leise gemurmelt oder lediglich gedacht wird. Im Hatha-Yoga geht eine solche Meditation mit einem Mantra schließlich über in ein reines Achten auf den inneren Laut. Hier lauscht der Übende dann nur noch nach innen, gleichsam nach dem Klang der Stille in ihm. Der Klang dieser Stille wird im Hatha-Yoga auch als Nada bezeichnet.

Die Chakras

Die Chakras sind feinstoffliche Organe, die als Energiezentren fungieren. Sie befinden sich nicht im physischen Körper des Menschen, sondern gleichsam in anderen Dimensionen beziehungsweise auf anderen Ebenen seiner Körperlichkeit, nämlich im Ätherleib, im Astralkörper und im spirituellen Leib. In jedem dieser feinstofflichen Körper gibt es die gleichen Chakras. Dadurch können sie auf verschiedenen Ebenen wirksam werden. Der Ätherleib ist der Lebensleib des Menschen. Von dort her wirken die Chakras auf den physischen Körper ein. Der Astralleib hingegen ist der Seelenleib. In ihm wirken die Chakras auf der emotionalen und der mentalen Ebene des menschlichen Seelenlebens. Als spirituelle Chakras wirken sie schließlich in der spirituellen Dimension. Beim gewöhnlichen Menschen sind die Chakras jedoch bezüglich der spirituellen Dimension lediglich in einem latenten Zustand. Sie müssen hier erst entfaltet oder geöffnet werden, indem der jeweilige Mensch sich auf eine spirituelle Entwicklung einlässt und in dieser voranschreitet. Nur dadurch werden sie dann im spirituellen Leib und damit zugleich auf der spirituellen Ebene aktiviert.

Die wichtigsten Chakras werden als Hauptchakras bezeichnet. Von ihnen gibt es sieben. Sie sind in den feinstofflichen Körpern gleichsam entlang der Wirbelsäule des physischen Leibes übereinander angeordnet und durch einen aufsteigenden Energiekanal miteinander verbunden, der Sushumna genannt wird. Die Abbildung 1 auf der Seite gegenüber zeigt die Positionen der sieben Hauptchakras relativ zum physischen Körper des Menschen.

Wenn die Chakras auf der spirituellen Ebene aktiviert werden, dann eröffnen sie dem jeweiligen Menschen nacheinander verschiedene spirituelle Fähigkeiten. Hier geht es bei den drei unteren Chakras um spirituelle Kräfte, bei dem mittleren Chakra um spirituelle Gefühle, und bei den drei oberen Chakras um spirituelle Erkenntnisse.

Das erste und unterste Hauptchakra ist das Muladhara-Chakra oder Wurzel-Chakra. Es befindet sich in den feinstofflichen Körpern dort, wo im physischen Leib das Rückgrat endet, also zwischen dem Anus und den Genitalien. Das Wurzel-Chakra ist der Sitz der Kundalini-Energie. Solange es auf der spirituellen Ebene noch nicht aktiviert ist, ruht die spirituelle Kraft der Kundalini-Energie in ihm gleichsam wie eine aufgerollte schlafende Schlange. Wenn das Wurzel-Chakra auf der spirituellen Ebene geöffnet wird, steigt die spirituelle Kundalini-Energie langsam oder auch schnell durch die Sushumna auf und öffnet dabei nacheinander alle weiteren spirituellen Hauptchakras bis hin zum höchsten, dem Kronen-Chakra.

Das zweite Hauptchakra heißt Svadhisthana-Chakra oder Sakral-Chakra. Es liegt in den feinstofflichen Körpern zwischen den Genitalien und dem Bauchnabel des physischen Körpers. Bei ihm handelt es sich um das Sexual-Chakra. Als spirituelles Chakra dient es hauptsächlich der sexuellen Transformation. Wenn es geöffnet oder aktiviert ist, dann befähigt es den jeweiligen Menschen dazu, seine sexuelle Kraft in spirituelle Energie umzuwandeln.

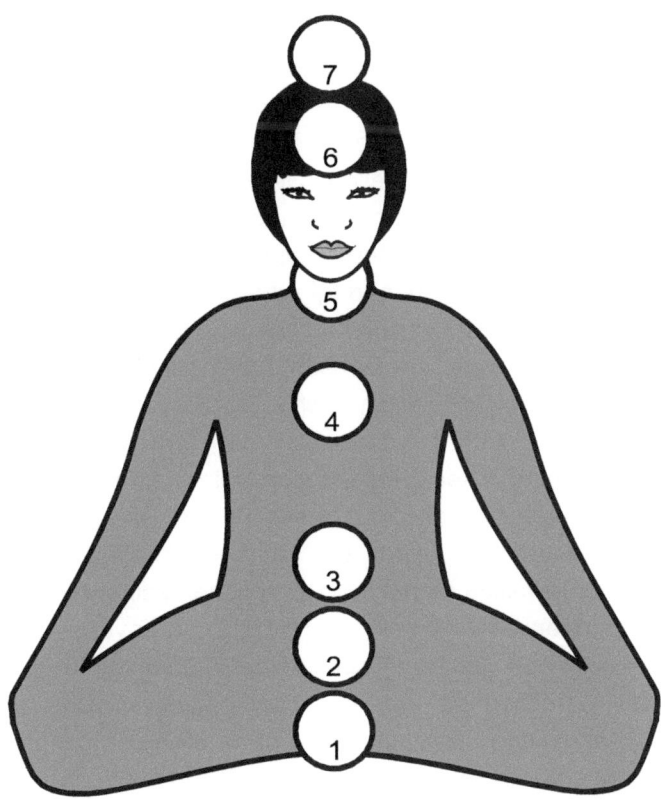

Abbildung 1: Die sieben Chakras

Das dritte Hauptchakra ist das Manipura-Chakra oder Nabel-Chakra. Es befindet sich etwas oberhalb des Nabels. Als spirituelles Chakra ist es das spirituelle Zentrum der Willensenergie. Wenn es aktiviert wird, erfährt der Wille des betreffenden Menschen einen enormen Zuwachs an Kraft. Dieser Kraftzuwachs hilft dem Menschen auf dem spirituellen Entwicklungsweg vor allem in seinem inneren Kampf mit den eigenen Begierden und Aversionen. Durch ihn kann er jenen zuwider handeln, wann immer er es will.

Das vierte Hauptchakra nimmt in der aufsteigenden Reihe der feinstofflichen Energiezentren die Mittelposition ein. Es befindet sich auf der Höhe des physischen Herzens und wird als Anahata-Chakra oder als Herz-Chakra bezeichnet. Als spirituelles Chakra ist es der feinstoffliche Sitz der spirituellen Gefühle. Bei diesen höheren Gefühlen handelt es sich um spirituelle Erlebensqualitäten, die sowohl unabhängig sind von den eigenen Bedürfnissen des jeweiligen Menschen, als auch unabhängig von den jeweils vorliegenden Umweltbedingungen. Ein Beispiel für ein solches spirituelles Gefühl liegt etwa dann vor, wenn ein Mensch in sich eine unerschütterliche Geborgenheit erlebt, die völlig unabhängig ist von allem, was ihm auch immer von außen her zustoßen mag. Ein anderes höheres Gefühl ist dasjenige einer grenzenlosen, alles umfassenden Liebe, die in keinster Weise durch die eigenen Bedürfnisse des jeweiligen Menschen beeinträchtigt wird. Ein spirituelles Mitgefühl besteht darin, dass der jeweilige Mensch die Emotionen seiner Mitmenschen in seinem eigenen Bewusstsein unmittelbar und unverzerrt mitempfindet. Genauso gibt es auch spirituelle Gefühle der Freude, des Mutes, der Gelassenheit und der Dankbarkeit. Solche höheren Gefühle werden dem Menschen in dem Maße zugänglich und erfahrbar, in dem sich sein spirituelles Herz-Chakra öffnet.

Das fünfte Hauptchakra ist das Visuddha-Chakra oder Hals-Chakra. Es befindet sich in den feinstofflichen Körpern etwas unterhalb vom Kehlkopf des physischen Leibes. Wenn bei einem Menschen dieses Chakra auf der spirituellen Ebene geöffnet ist, dann befähigt es ihn zu einem spirituellen Hören, welches hauptsächlich auf die überweltlichen Urprinzipien, wie etwa die drei Gunas, bezogen ist. Bei den drei Gunas handelt es sich um das Urprinzip der Aktivität, dasjenige der Passivität und um das Urprinzip der Harmonie. Diese Urprinzipien bilden durch Wechselwirkungen untereinander ständig einzelne überweltliche Urideen. Sobald bei einem Menschen das spirituelle Hals-Chakra geöffnet ist, kann er die Urprinzipien und die

Urideen als Sphärenklänge wahrnehmen. Die entsprechende Fähigkeit eines spirituellen Hörens wird manchmal auch als höhere Inspiration bezeichnet.

Das sechste Hauptchakra ist das Ajna-Chakra oder Stirn-Chakra. Es befindet sich in den feinstofflichen Körpern zwischen den Augenbrauen des physischen Leibes. Das spirituelle Stirn-Chakra wird oft auch drittes Auge genannt. Hier hat die höhere Imagination ihren Sitz. Wenn das spirituelle Stirn-Chakra aktiviert ist, befähigt jene höhere Imagination den jeweiligen Menschen dazu, die überweltlichen Urprinzipien und Urideen auf visuelle Art wahrzunehmen.

Das siebte und oberste Chakra schließlich ist das Sahasrara-Chakra oder Kronen-Chakra. Es befindet sich in den feinstofflichen Körpern über dem Kopf des physischen Leibes. Durch das spirituelle Kronen-Chakra können sich dem Menschen die höchsten Ebenen oder Dimensionen der Wirklichkeit offenbaren. So befähigt dieses Chakra denjenigen Menschen, bei dem es aktiviert ist, zu den höchsten Formen der spirituellen Erkenntnis. Im spirituellen Kronen-Chakra hat die spirituelle Intuition ihren Sitz. Sie ermöglicht es dem Menschen, die Urprinzipien und Urideen direkt zu erfahren, indem er mit ihnen innerlich eins wird, ohne dass er dabei seine eigene Identität verliert. Wenn das spirituelle Kronen-Chakra eines Menschen vollständig geöffnet ist, dann wird ihm durch dieses feinstoffliche Zentrum hindurch die höchste Erleuchtung, Samadhi, zuteil – und damit zugleich die unmittelbare Erkenntnis der Einheit von allem.

Patanjali und der Drashta

Vor ungefähr zweitausend Jahren hat in Indien ein Yoga-Philosoph namens Patanjali ein Lehrbuch zur Mystik veröffentlicht, das seitdem als das Grundlagenwerk des Yoga gilt. Es trägt den Titel ›Yoga-Philosophie‹. Im Mittelpunkt dieses Buches steht das spirituelle Selbst, der mystische Kern des Menschen, der im Yoga gemeinhin Atman oder auch Purusha genannt wird. Patanjali bezeichnet diesen Kern als Drashta, was wörtlich übersetzt ›der Sehende‹ heißt. Er definiert ihn folgendermaßen: „Der ›Sehende‹ ist nichts anderes als die Energie der Schau.“[12] So ist für Patanjali das spirituelle Selbst des Menschen reines transzendentes Gewahrsein.

Die Welt hingegen ist gemäß einer alten indischen Anschauung, die auch Patanjali vertritt, eine ewig sich wandelnde Erscheinung der drei Gunas, nämlich von Rajas, Tamas und Sattva. Diese drei Gunas sind gleichsam die Urprinzipien der Erscheinungswelt. Rajas ist hier das rote Urprinzip der Leidenschaft und der Energie. Es verursacht Aktivität. Tamas demgegenüber ist das schwarze Urprinzip der Dunkelheit und der Schwere. Es erzeugt Passivität. Sattva schließlich ist das weiße Urprinzip der Reinheit und des Lichtes. Es bewirkt Harmonie. Diese drei Gunas liegen der gesamten Welt zugrunde, also allen Dingen und allen Lebewesen sowie auch allen Geschehnissen – und sie machen diese letztlich sogar aus.

Lediglich der Drashta existiert jenseits der drei Gunas. Er ist der unabhängige Sehende, der objektive Beobachter, der reine Zeuge inmitten des Menschen und doch zugleich außerhalb der Welt. Für diesen Sehenden ist die gesamte Welt lediglich ›Gesehenes‹. Dies gilt nicht nur für die Welt außerhalb des Menschen, sondern auch für seinen eigenen psychosomatischen Organismus und für die Inhalte seines eigenen Seelenlebens oder Geistes. Dadurch aber besteht jeder Mensch stets zugleich aus ›Gesehenem‹ und aus dem Drashta, dem eigentlichen Seher.

Der gewöhnliche Mensch weiß jedoch nichts von diesem Drashta. Er ist nach Patanjali ständig in die drei Gunas verstrickt, und damit auch in die Welt, die aus diesen drei Gunas besteht, sowie insbesondere in seinen eigenen psychosomatischen Organismus und hier wiederum vor allem mit seinem Geist in seine seelisch-geistigen Aktivitäten. Zu diesen Aktivitäten oder auch Inhalten des Geistes gehören beispielsweise die Erkenntnisse, die Illusionen, die Einbildungen und die Erinnerungen. Bezüglich dieser und anderer Inhalte oder Aktivitäten des Geistes besteht nach Patanjali fortwährend eine subtile Identifikation. Durch jene Identifikation ist der Geist des Menschen immer in irgendwelche von seinen eigenen Inhalten oder Aktivitäten verstrickt. Sogar während des tiefen Schlafes finden im Gehirn des Menschen zumindest minimale seelisch-geistige Aktivitäten statt, mit denen sein Geist dann jeweils identifiziert ist. Aufgrund dieser Verstrickung ist der Drashta dem Menschen unzugänglich. Er befindet sich verborgen in dessen Inneren.

Die eigentliche Bestimmung des menschlichen Geistes besteht nun darin, die subtile Identifikation zu transzendieren und den Drashta zu manifestieren. Nach Patanjali ist dieser mystische Kern, der Drashta oder Purusha, nämlich zugleich auch die eigentliche Wesensidentität des menschlichen Geistes. Der Geist des gewöhnlichen Menschen ruht jedoch keineswegs in dieser seiner Wesensidentität, sondern er ist stattdessen ununterbrochen mit irgendwelchen von seinen Aktivitäten identifiziert.

Der Verstrickung des Geistes in seine eigenen Inhalte oder Aktivitäten entspricht zugleich eine subtile Unbewusstheit, mit der das gewöhnliche Alltagsbewusstsein des Menschen behaftet ist. Jenes Alltagsbewusstsein mag zwar ein wacher und bewusster Geisteszustand sein, verglichen mit dem Schlafzustand nachts im Bett, doch verglichen mit dem transzendenten Gewahrsein des Drashta, welches die eigentliche Bestimmung des menschlichen Geistes ist, erweist sich das gewöhnliche Alltagsbewusstsein des Menschen eher als ein recht unbewusster Geisteszustand, der von einem gewissen geistigen Schlummer durchdrungen ist. Erst im Drashta findet der menschliche Geist zu einem wirklich klaren und wachen Bewusstsein.

Die subtile Unbewusstheit des gewöhnlichen Menschen hingegen ist für Patanjali die wichtigste Ursache seines Leidens. Neben dieser Unbewusstheit nennt Patanjali aber noch vier weitere Leidensursachen, die maßgeblich durch die Unbewusstheit bewirkt werden. Bei diesen vier weiteren Leidensursachen handelt es sich um Ichverhaftung, Begierde, Aversion und Todesverlegung.

Aus der Unbewusstheit entsteht zunächst einmal die Ichverhaftung: Durch die ununterbrochene Identifikation des Geistes mit seinen eigenen Inhalten und Aktivitäten verwechselt der Mensch diejenigen Inhalte und Aktivitäten seines Geistes, die sein Ich ausmachen, mit dem Drashta. Für den Drashta besteht auch das Ich des Menschen nur aus ›Gesehenem‹, doch durch die subtile Unbewusstheit des Geistes hält sich jenes Ich fälschlicherweise für den eigentlichen Sehenden. So usurpiert es den Platz des Sehenden, obwohl es eigentlich zum ›Gesehenen‹ gehört, und der Mensch identifiziert sich fortwährend mit diesem Ich. So bleibt der Mensch seinem Ich verhaftet.

Das Ich wiederum verleitet den Menschen zu wählen, was ihm gefällt, und abzulehnen, was ihm missfällt, zu lieben, was er als erfreulich erinnert oder erhofft, und zu hassen, was er als schmerzlich erinnert oder befürchtet. Aus der Ichverhaftung resultieren damit als weitere Leidensursachen die Begierde und die Aversion.

Die Begierde ist ein übermäßiges Verlangen nach positiven Erfahrungen oder Dingen und die Aversion ist ein übermäßiger Widerstand gegen negative Erfahrungen oder Dinge. Irgendwann einmal unweigerlich sterben zu müssen ist für fast alle Menschen eine sehr negative Aussicht und irgendwie doch Unsterblichkeit zu erlangen wäre für sie eine sehr positive Option. So verleugnen fast alle Menschen aus ihrer Ichverhaftung heraus möglichst weitgehend die Tatsache der eigenen Sterblichkeit und nicht wenige streben stattdessen sogar zumindest nach einer unsterblichen Bedeutung und Wichtigkeit. Diese Todesverleugnung und das mit ihr verbundene Bedeutungsstreben bilden die fünfte Leidensursache.

Es gibt also nach Patanjali fünf Leidensursachen, nämlich die Unbewusstheit, die Ichverhaftung, die Begierde, die Aversion und die Todesverleugnung. Diese fünf Leidensursachen bewirken jedoch nicht nur Leiden, sondern sie verschärfen auch die Verstrickung des Menschen in die Welt. Es ist dem Menschen aber möglich sich aus seiner Verstrickung zu befreien. Der Weg, den Patanjali hierfür empfiehlt, wird heutzutage meistens als Raja-Yoga bezeichnet. Es handelt sich dabei um einen Pfad aus acht Gliedern.

Die acht Glieder des Raja-Yoga sind äußere Disziplin und innere Disziplin, Körperhaltung, Atemregelung, Sinneszurückhaltung, Konzentration, Meditation und Samadhi. Die letzten fünf dieser acht Glieder bilden die zentralen Übungen des Raja-Yoga. Die für den Raja-Yoga notwendige äußere Disziplin umfasst einen vielfältigen Verzicht, bei dem der jeweilige Mensch vor allem der Gewalt, der Falschheit, dem Stehlen, der Zügellosigkeit und der Besitzgier entsagt. Die innere Disziplin beinhaltet eine Läuterung der eigenen Seele, die Entwicklung von Zufriedenheit, eine innere Loslösung von allen weltlichen Annehmlichkeiten, das Studium der heiligen Schriften und eine hingebungsvolle Ausrichtung auf Gott.

Für die zentralen Übungen des Raja-Yoga empfiehlt Patanjali als Körperhaltung eine feste und zugleich doch auch angenehme Sitzhaltung. Die zentralen Übungen selbst beginnen mit der Atemregelung. Diese wird praktiziert, indem der Übende sein Einatmen, sein Ausatmen und die Atempause dazwischen aufmerksam beobachtet und dadurch verlangsamt. Sinneszurückhaltung bedeutet, die eigene Aufmerksamkeit von jeglicher Sinneswahrnehmung der äußeren Welt abzuziehen und stattdessen auf das eigene Innere zu richten. Eine solche Zurückhaltung der Sinne sowie die Atemregelung schaffen die Bedingungen, die für die Konzentration notwendig sind. Sie führen dazu, dass die seelisch-geistigen Aktivitäten nach und nach zur Ruhe gelangen. Der Geist entleert sich von ihnen und verwirklicht so eine innere Leere. Den eigenen Geist in dieser Leere zu halten, wird im Raja-Yoga als Konzentration bezeichnet. Meditation ist die Vertiefung dieser Konzentration. Der Geist des Menschen findet darin zum Drashta und dieser manifestiert sich dadurch in ihm. Sowohl die Konzentration wie auch die Meditation werden ebenfalls in der bereits beschriebenen Sitzhaltung praktiziert. Bei der Meditation verweilt der jeweilige Mensch alsbald in einem Zustand der reinen Leere, des reinen transzendenten Gewahrseins, jenseits von allen speziellen Erfahrungen. Aus einem solchen Zustand heraus kann ihm schließlich Samadhi, die Erleuchtung, zuteil werden. Dabei handelt es sich um die höchste innere Versenkung, nämlich um eine Versenkung in das kosmische Bewusstsein, welches Gott ist – und es handelt sich dabei zugleich um eine allumfassende Einung, denn Gott ist zugleich auch die ursprüngliche Einheit von allem.

Der Integrale Yoga von Sri Aurobindo

Sri Aurobindo Ghose wurde 1872 in Indien geboren und starb dort 1950. Er entwickelte den Integralen Yoga und führte in Pondicherry gemeinsam mit Mira Alfassa einen Ashram, in dem dieser Yoga verwirklicht wurde. Mira Alfassa wurde und wird dort als ›die Mutter‹ verehrt. Der Integrale Yoga ist eine Synthese aus verschiedenen klassischen Yoga-Wegen, und zwar vor allem aus dem Bhakti-Yoga, dem Pfad der göttlichen Hingabe, und dem Karma-Yoga, dem Weg des selbstlosen Handelns. Außerdem hat Aurobindo in seinem Integralen Yoga das westliche Konzept der Evolution mit der östlichen Philosophie des Yoga verbunden. Dadurch geht es beim Integralen Yoga nicht nur um die spirituelle Weiterentwicklung von einzelnen Individuen, sondern auch um die mystische Verwirklichung der gesamten Menschheit. Das Universum ist aus dem Göttlichen hervorgegangen – und es ist erfüllt von einem Wirken, das auf eine fortschreitende Rückkehr zu diesem Göttlichen hinarbeitet. Dieses göttliche Wirken hilft auch dem einzelnen Menschen in seiner spirituellen Weiterentwicklung, sofern er aufrichtig daran glaubt und sich ihm umfassend öffnet.

In der Entwicklung des Universums hat sich zunächst aus der Materie heraus das Leben manifestiert und daraufhin aus dem Leben heraus der Geist. Im Menschen werden diese Entwicklungsstufen durch seinen Leib verkörpert sowie durch das Vital und durch seinen Intellekt. Der physische Leib des Menschen besteht aus Materie. Das Vital ist die Lebensnatur des Menschen. Es besteht aus den Begierden und den Aversionen sowie aus der Lebenskraft und den Gefühlen. Der Intellekt des Menschen wird im Integralen Yoga auch als Mental bezeichnet.

Scheinbar zentral ist im gewöhnlichen Menschen dessen Ego. Dabei handelt es sich um ein mentales Gebilde, welches im eigenen Körper wurzelt und vor allem von den Begierden und Aversionen des eigenen Vitals gespeist wird. In seinem Ego wird der Mensch von diesen Begierden und Aversionen regelrecht beherrscht. Dadurch denkt und handelt er meistens ziemlich selbstbezogen. Offensichtlich wird das Ego im Stolz und in der Rechthaberei sowie in der Überheblichkeit und im Machtgebaren. Aber es kann sich auch tarnen, etwa durch Demut und durch mancherlei andere Tugenden.

Das eigentliche zentrale Wesen des Menschen, sein wahres und zugleich spirituelles Selbst, ist der Jivatman. So wird im Integralen Yoga der mystische Kern des Menschen bezeichnet. Der Jivatman ist damit ein Funke des Göttlichen in uns. Bewusst werden wir uns dieses Funkens erst, sobald das höhere Selbsterkennen eintritt. Der Jivatman ist in allen Menschen das gleiche Wesen. Je mehr ein Mensch diesen Funken des Göttlichen in sich erfährt, desto mehr befreit er sich dadurch aus den Begrenzungen seines Egos.

Aufgrund seines Mentals ist der Mensch fähig zum Zwiespalt mit sich selbst, und dadurch ist er auch fähig zu einer inneren Evolution. Gerade über den Zwiespalt kann der Mensch, wenn er ihn richtig verwirklicht, von seinem Ego zum Jivatman finden. Die Evolution führt aber noch über den Jivatman hinaus. Sie ist nach Aurobindo letztendlich ausgerichtet auf ein Emporsteigen des Menschen zum Supramental und auf eine Herabkunft dieses Supramentals zur gesamten Menschheit.

Das Supramental ist der göttliche Geist insgesamt, von dem der Jivatman nur einen Funken darstellt. Damit ist das Supramental das Allbewusstsein des einen Göttlichen. Im Integralen Yoga geht es hauptsächlich für die Schüler darum, mit ihrem Mental schließlich in das Supramental einzutreten. Indirekt fördern sie damit aber zugleich auch für die gesamte Menschheit die Verwirklichung des Supramentals. Die spirituelle Praxis besteht hier vor allem darin, dass die Sadhaks, also die Schüler des Integralen Yoga, in ihrem eigenen Denken, Fühlen und Handeln eine Grundhaltung der Empfangsbereitschaft kultivieren, in der sie aufnahmefähig werden für die Herabkunft des Göttlichen.

Ein Weg, um diese Grundhaltung zu kultivieren, ist der Bhakti-Yoga, der Pfad der göttlichen Hingabe. Die Hingabe des Sadhak gilt dabei im Integralen Yoga entweder ganz allgemein dem Supramental, also dem einen Göttlichen, oder speziell der Shakti, der göttlichen Kraft des Supramentals, oder auch konkret Mira Alfassa, der Gefährtin von Sri Aurobindo, die im Integralen Yoga als ›die Mutter‹ verehrt wird. Entscheidend ist hier ein intensiver Glaube an das hilfreiche Wirken des Supramentals, der Shakti oder der Mutter für die eigene Weiterentwicklung – und eine umfassende Selbstöffnung gegenüber diesem Wirken. Doch zugleich ist auch ein eigenes mithelfendes Bemühen vonnöten. Es gilt, einen inneren Zwiespalt zu schaffen zwischen der Hingabe an das Göttliche einerseits und andererseits den Begierden und Aversionen des eigenen Vitals. Der Sadhak muss seine Begierden und Aversionen innerlich immer wieder zurückweisen und sein Vital nach und nach dahingehend umformen, dass er dessen Lebenskraft in die Hingabe an das Göttliche mit einbringen kann.

Ein weiterer Übungsweg des Integralen Yoga ist der Weg der Arbeit. Dieser entspricht dem Karma-Yoga, dem Yoga des selbstlosen Handelns. Gemäß dem Karma-Yoga sollte jede Arbeit, die der Sadhak verrichtet, von ihm dem Göttlichen dargebracht werden. Hierfür ist es notwendig, dass der Sadhak bei der Arbeit sein eigenes Ego zurücknimmt, also etwa sein Verlangen danach, mit der Arbeit einen möglichst großen persönlichen Erfolg zu erringen oder währenddessen eine möglichst gute Selbstdarstellung abzuliefern. Auch sollte er während der Arbeit darauf verzichten, in sie eigene Vorlieben einzubringen oder dabei der eigenen Bequemlichkeit entgegen zu kommen. Förderlich sind stattdessen Sorgfalt und Disziplin sowie Selbstlosigkeit. Der Sadhak hat die jeweilige Arbeit stets so zu tun, wie es für die Arbeit selbst am besten ist. Je mehr es ihm gelingt, sich bei der Arbeit zugleich möglichst fortwährend des Göttlichen zu erinnern, dem er sie darbringt, desto eher wird in ihm dadurch irgendwann sein innerstes Wesen, der Jivatman, hervortreten. Mit dem Karma-Yoga kann der Sadhak außerdem seinen inneren Fortschritt jeweils im äußeren Leben verankern.

Neben dem Karma-Yoga und dem Bhakti-Yoga gibt es auch noch den Jnana-Yoga, den Weg der geistigen Erkenntnis. Auf diesem Pfad wird die reflektierende Aktivität des eigenen Verstandes als ein Mittel benutzt, um zum Jivatman zu gelangen. Der Sadhak des Integralen Yoga beschreitet den Pfad des Jnana-Yoga, indem er durch gedankliches Analysieren immer wieder neu und stets etwas tiefer zu solchen Erkenntnissen zu gelangen sucht wie denjenigen, dass sämtliche Erscheinungsformen der Außenwelt keine eigene Existenz haben, sondern stattdessen Manifestationen des einen Göttlichen sind, und dass sein eigenes wahres Selbst weder aus seinem Körper besteht, noch aus den Gedanken und Gefühlen seines Egos oder gar aus den Begierden und Aversionen seines Vitals. Sich solche Erkenntnisse gedanklich zu erarbeiten und sie im eigenen Mental zunehmend zu festigen, ist ein wichtiger Bestandteil des Integralen Yoga.

Schließlich gibt es im Integralen Yoga auch Meditationsübungen des Sitzens in der Stille. Aurobindo empfiehlt dem Sadhak hierfür, einen ruhigen Ort aufzusuchen, an dem er alleine meditieren kann, und in einer sitzenden Haltung für die Dauer der Meditationsübung möglichst reglos zu verweilen. Seine Aufmerksamkeit konzentriert der Sadhak während der Meditation auf die gegenwärtige Anwesenheit des Göttlichen entweder oberhalb des eigenen Verstandes oder mitten im eigenen Herzen. Die Augen können dabei offen oder auch geschlossen sein. Gegen störende Gedanken und emotionale Regungen hilft sanfte, aber bestimmte Zurückweisung.

Der Aufstieg des Menschen zum Supramental erfolgt über mehrere Entwicklungsstufen. Die erste spirituelle Stufe ist hier diejenige des höheren Selbsterkennens. Auf dieser Ebene erkennt der

Mensch sein wahres Selbst durch einzelne oder auch häufigere Erfahrungen des Jivatmans, also des eigenen mystischen Kerns. Eine weitere wichtige Stufe ist der Urbildgeist. Diese Ebene beinhaltet die archetypischen Gottheiten wie insbesondere Brahma, Vishnu und Shiva und macht sie dem jeweiligen Menschen unmittelbar erfahrbar. Die höchste spirituelle Stufe schließlich ist das Supramental, das umfassende Allbewusstsein des einen Göttlichen. Wenn ein Mensch sich in seiner Entwicklung diesem Supramental nähert, dann kommt es ihm zugleich mit seiner Herabkunft entgegen.

Sufismus

Der Sufismus ist nur scheinbar vor allem der Weg jener tanzenden Derwische, die seit dem 13. Jahrhundert von Kleinasien her dessen Erscheinungsbild prägen. Tatsächlich werden im Sufismus die Methoden, die der Meister anwendet, und die Übungen, die der Schüler erhält, vom Meister sehr differenziert ausgesucht, je nach dem Charakter und dem Entwicklungsstand des Schülers sowie auch je nach den Erfordernissen der Gesellschaft und der Epoche, in der die Schulung stattfindet. Dadurch erhalten keineswegs alle Schüler von ihrem Meister als Übung für ihren Weg den Sema, den Wirbeltanz der Derwische. So hat der Sufismus heutzutage vor allem in den westlichen Industrienationen vielfach ganz andere Erscheinungsformen, als damals im 13. Jahrhundert in Kleinasien.

Die Orden der Sufis

Der Sufismus ist die Mystik des Islam und damit sozusagen dessen innere Dimension. Der Islam geht auf den Propheten Mohammed zurück, welcher um 570 in Mekka geboren wurde und 632 in Medina starb. Ihm hat Gott den Koran, das heilige Buch des Islam, offenbart. Dadurch wurde Mohammed zum Ursprung sowie zum höchsten und wichtigsten Propheten des Islam. Zumindest teilweise wurde Mohammed damit zugleich auch zum Ursprung des Sufismus. Der erste und wichtigste Nachfolger von Mohammed in der Geschichte des Sufismus ist dessen Schwiegersohn Ali ibn Abi Talib.

Dies ist aber möglicherweise nur die eine Seite der Herkunft des Sufismus. Auf der anderen Seite mag der Sufismus zumindest teilweise auch hervorgegangen sein aus spirituellen Bewegungen und Gemeinschaften, die bereits vor dem Islam existierten.

So gab es beispielsweise in Afghanistan eventuell schon viele Jahrhunderte vor Mohammed den recht kleinen und sehr geheimnisvollen Orden der Sarmouni. Dieser ist dann irgendwann im Mittelalter zu einem Sufi-Orden geworden. Von dem Sarmoun-Orden stammt das sogenannte Enneagramm, ein allgemeines geometrisches Symbol, mit dem alle möglichen Prozesse von Veränderungen und Entwicklungen analysiert werden können. Der bekannteste Vertreter dieses Ordens in der westlichen Welt des zwanzigsten Jahrhunderts ist Georg Iwanowitsch Gurdjieff.

Heutzutage besteht die Organisation des Sufismus aus verschiedenen Orden, die alle mehr oder weniger eng mit dem Islam verbunden sind. So wird auch die spirituelle Schulung im Sufismus für gewöhnlich durch einen solchen Orden ausgeführt, beziehungsweise durch einen Meister, der einem solchen Orden angehört und diesen repräsentiert.

Die Sufis sind die Derwische und ihre Orden heißen ganz allgemein auch Tariquats. Ein Lehrer oder Meister der Sufis wird als Murshid, Sheikh oder Pir bezeichnet, und der Schüler als Murid. Für die Zeit seiner Schulung ist der Schüler dem Lehrer oder Meister zum Gehorsam verpflichtet.

Es handelt sich jedoch nicht bei allen Menschen, die mit einem Sufi-Orden verbunden sind, entweder um Meister oder um Schüler. Jene bilden vor allem den inneren Kreis eines Tariquats. Außerhalb davon gehört zu einem Sufi-Orden meistens auch noch ein äußerer Kreis aus solchen Menschen, die dem Orden hauptsächlich emotional verbunden sind und die bei dem jeweiligen Meister vor allem seelischen Beistand in Lebenskrisen sowie praktische Ratschläge zur Alltagsbewältigung suchen.

Ist ein Mensch sowohl willens als auch geeignet für eine Sufi-Schulung, dann mag der Meister ihn per Handschlag in den jeweiligen Orden aufnehmen und zugleich zur Schulung annehmen. Außerdem gehört zur Aufnahme in einen Sufi-Orden oft eine spezielle Zeremonie, in der dem angehenden Schüler das Derwisch-Gewand angelegt wird. Daraufhin erläutert der Meister ihm seine ersten Meditationsübungen und gibt ihm auch noch einige Verhaltensmaßregeln. Manchmal erhält der Schüler nun zusätzlich noch den Rosenkranz, eine Kette aus neunundneunzig Perlen.

Die Räumlichkeiten, in denen die Sufi-Schulung stattfindet, können sehr unterschiedlich sein. Oftmals handelt es sich dabei um ein Kloster, das dem Orden gehört, manchmal aber auch um eine Firma, in der die Schüler zugleich als Angestellte arbeiten – oder einfach um eine vom Meister angemietete Wohnung.

Obwohl die Sufi-Schulung oftmals in einem Kloster stattfindet, sind hier weder die Schüler noch die Meister zum Zölibat verpflichtet. Eher gilt das Gegenteil: So gibt es von dem großen Sufi-Mystiker Jalaluddin Rumi eine Äußerung, die besagt, dass ein wichtiger Schulungsweg im Sufismus gerade darin besteht, sich in die Ehe zu begeben und die Tyrannei des Ehepartners zu ertragen und dabei trotzdem einen klaren Verstand sowie ein liebendes Herz und einen reinen Geist zu entwickeln und zu behalten.

Ähnliches wie für das Zölibat gilt auch für die Einsiedelei: Der Sufi braucht sich keineswegs in eine solche zurückziehen, um auf diese Weise der Welt zu entsagen. Ganz im Gegenteil wird von einem Sufi-Schüler zumeist sogar ausdrücklich verlangt, dass er sich einer beruflichen oder sonstigen Tätigkeit widmet, die für die Gesellschaft nützlich ist, in der er lebt.

Ein wichtiger Grundsatz des Sufismus lautet: „Sei in der Welt, aber nicht von der Welt." Der Sufi soll immer mehr zu einem nützlichen Mitglied seiner Gesellschaft werden und sich trotzdem zugleich auch immer mehr aus seiner Verstrickung in die Welt befreien.

Die Art und Weise sowie das Ausmaß und die Intensität einer spirituellen Schulung sind in den verschiedenen Orden der Sufis recht unterschiedlich. Auch in den Voraussetzungen für die Schulung unterscheiden sich die einzelnen Sufi-Orden voneinander: So bestehen viele von ihnen darauf, dass jeder, der an ihrer Schulung teilnehmen will, Moslem ist oder zum Islam übertritt, während andere

Sufi-Orden solches nicht verlangen. Bei manchen Tariquats sind die religiösen Praktiken des Islam, wie etwa die fünf täglichen Gebete und rituellen Waschungen, vollständig in die spirituelle Schulung integriert.

Die bekanntesten und wichtigsten Orden der Sufis sind der Mevlevi-Orden, der Suhrawardi-Orden, der Chishti-Orden, der Qadiri-Orden und der Naqshbandi-Orden. Alle diese Orden sind zwischen dem zwölften und dem vierzehnten Jahrhundert im Orient entstanden. Jeder dieser Orden hat eine Zentralfigur, einen großen Mystiker des Islam, der den Mitgliedern des jeweiligen Ordens als Vorbild dient und dessen Lehren sie befolgen. Manche der Orden wurden von dem jeweiligen Mystiker selbst begründet, andere von einem seiner Nachfolger.

Der bekannteste Mystiker des Islam ist sicherlich Jalaluddin Rumi und die bekannteste Methode der Sufi-Schulung ist zweifellos der Wirbeltanz der Derwische. Beide sind eng verbunden mit ein und demselben Sufi-Orden, nämlich demjenigen der Mevlevis. Der Derwisch-Tanz wird hauptsächlich in diesem Orden praktiziert und Rumi ist die Zentralfigur dieses Ordens.

Jalaluddin Rumi lebte im dreizehnten Jahrhundert in Kleinasien. Er hatte viele Schüler, denen er unter anderem den Derwisch-Tanz lehrte. Der eigentliche Orden der Mevlevis wurde jedoch erst nach seinem Tode von seinem Sohn begründet. Heutzutage ist der Mevlevi-Orden hauptsächlich in der Türkei sowie in Syrien und Ägypten beheimatet. Ein bekannter Vertreter dieses Ordens in der westlichen Welt des zwanzigsten Jahrhunderts ist Reshad Feild.

Zu den ältesten Sufi-Orden gehört der Orden der Suhrawardis. Er bildete sich bereits im zwölften Jahrhundert um den Sufi-Meister Umar as-Suhrawardi. Heutzutage ist er vor allem in Indien und in den umliegenden Ländern verbreitet. Eine typische Besonderheit dieses Ordens besteht darin, dass deren Meister im Verlauf der Geschichte immer wieder auch politische Verantwortung übernommen haben und für die jeweilige Regierung ihres Landes tätig waren.

Dies gilt allen voran bereits für die Zentralfigur jenes Ordens, nämlich für Umar as-Suhrawardi selbst.

Die Zentralfigur des Chishti-Ordens ist Moinuddin Chishti. Sein Orden hat eine Vorliebe für die Verwendung von Musik in der spirituellen Schulung. Beheimatet ist der Chishti-Orden vor allem in Indien und in Pakistan. Ein bekannter Vertreter dieses Ordens in der westlichen Welt des zwanzigsten Jahrhunderts ist Hazrat Inayat Khan.

Der Qadiri-Orden ist heutzutage in allen islamischen Ländern verbreitet. Seine Zentralfigur ist Abdul Qadir al Gilani. Auffällig ist bei dem Qadiri-Orden vor allem die Verwendung von spitzen und scharfen Gegenständen während bestimmter religiöser Prozeduren zur Peinigung des eigenen Körpers. Die Mitglieder des Qadiri-Ordens versetzen sich auf diese Weise in Ekstase.

Der Naqshbandi-Orden wurde erst im vierzehnten Jahrhundert begründet und ist heutzutage ebenfalls in allen islamischen Ländern verbreitet. Die Zentralfigur dieses Ordens ist Bahauddin Naqshbandi. Der Naqshbandi-Orden verfügt über ein differenziertes und weitreichendes psychologisches Wissen. Dieses handelt unter anderem von der Nafs, dem Selbst des Menschen, und von ihren Entwicklungsmöglichkeiten. Ein bekannter Vertreter dieses Ordens in der westlichen Welt des zwanzigsten Jahrhunderts ist Idries Shah.

Meditationsmethoden und Lehrgeschichten

Die wichtigste Meditationsmethode der Sufis ist das Dhikr. Es handelt sich dabei um eine Methode des Gottgedenkens und der Selbsterinnerung. Bei dieser Methode wird eine bestimmte Formel, ein heiliger Satz oder ein heiliges Wort, ständig wiederholt. Häufig wird hier als Formel der Satz ›La illaha illa Allah‹ verwendet, der soviel bedeutet wie: ›Es gibt keine Gottheit außer Gott.‹ Es kann beim Dhikr aber auch lediglich ein einzelnes heiliges Wort verwendet werden, wie beispielsweise ›Allah‹ oder auch ›Hu‹, welches ›Er‹

bedeutet und mit dem ebenfalls Allah beziehungsweise Gott gemeint ist. Oft beinhaltet ein Meditationsablauf beim Dhikr eine bestimmte Anzahl von Wiederholungen der jeweiligen Formel und so werden diese Wiederholungen währenddessen auch gezählt. Hierfür dient dann der Rosenkranz, eine Kette mit neunundneunzig Perlen. Mit jeder Perle wird eine Wiederholung erfasst.

Das Dhikr lässt sich in unterschiedlichen Körperhaltungen, beispielsweise des Sitzens, praktizieren. Außerdem kann es sowohl vernehmlich als auch still durchgeführt werden. So unterscheidet man hier ein Dhikr der Zunge von einem des Herzens. Bei dem Dhikr der Zunge wird die jeweilige Formel gesprochen oder gesungen, beim Dhikr des Herzens wird sie nur innerlich gedacht.

In jeder Form der Durchführung ist das Dhikr hauptsächlich ein Instrument zur Befreiung des Menschen aus seiner Verstrickung in die Welt. Diese Verstrickung ist letztendlich vor allem eine innere, nämlich eine Verstrickung des jeweiligen Menschen in seine eigenen Gedanken und Wahrnehmungen, Gefühle und Bedürfnisse, Erinnerungen und Fantasien. Der erste Ansatzpunkt für die Arbeit mit dem Dhikr ist hier die innere ›Gedankenmühle‹ oder das innere ›Fantasiegespinst‹ des jeweiligen Menschen. In beinahe jedem von uns läuft nahezu ständig eine Folge von Gedanken und Fantasien ab, in die wir selbst hineinverstrickt sind. So wälzen wir vielleicht innerlich ständig irgendwelche Probleme oder wir führen in unserem Kopf andauernd irgendwelche Selbstgespräche oder wir reden in Gedanken immer wieder mit irgendwelchen anderen Personen, wir beschreiben und bewerten in Gedanken ununterbrochen unsere eigenen Erfahrungen und unser eigenes Verhalten oder wir verlieren uns innerlich immer wieder in irgendwelche Tagtraumfantasien, die in unserem Kopf kontinuierlich auseinander hervorgehen. Dadurch entsteht in unserem Kopf ein regelrechtes Fantasiegespinst oder es dreht sich darin ständig eine geistige Mühle mit einer ununterbrochenen Folge von Gedanken. Diese Gedankenfolge oder jenes Gespinst bildet zugleich einen Schleier in unserer Seele, der uns daran hindert, unser wahres Selbst und die äußere Welt unmittelbar zu erleben. Mithilfe des Dhikr kann der Sufi-Schüler jenen Schleier früher oder später durchtrennen und nach und nach auch auflösen. Indem er immer wieder Gottes gedenkt, gelangt er irgendwann zu einer unmittelbaren Erinnerung seiner selbst. Er findet sich plötzlich in seinem eigentlichen Selbst wieder und kann von dort her dann auch die äußere Welt unmittelbar wahrnehmen.

Eine weitere Meditationsmethode der Sufis ist das Fiqur. Diese Methode wird körperlich in einer kauernden Sitzhaltung durchgeführt. Geistig wird bei ihr die Aufmerksamkeit unentwegt auf Gott gerichtet. Beim Fiqur sitzt der Praktizierende tief in der Hocke. Seine Knie befinden sich vor seiner Brust. Die Augen sind geschlossen. Der Kopf ist nach vorne gebeugt. Die geistige Ausrichtung auf Gott geschieht hier mithilfe von ähnlichen Formeln, wie sie auch beim Dhikr eingesetzt werden. Beim Fiqur werden solche Formeln jedoch in der Weise verwendet, dass der Praktizierende sich hier innerlich unentwegt den Schriftzug der jeweiligen Formel vorstellt.

Die bekannteste Meditationsmethode der Sufis ist jedoch der Sema, der Wirbeltanz der Derwische. Bei dieser Methode steht der Praktizierende aufrecht und dreht sich unaufhörlich um seine eigene Achse. Zunächst jedoch steht er still, verschränkt seine Arme vor der Brust, umfasst mit seinen Händen die Schultern und neigt den Kopf zur rechten Seite. Dann beginnt er langsam mit seinen Drehungen, die stets entgegen dem Uhrzeigersinn erfolgen. Hierfür belässt der Praktizierende den linken Fuß auf seinem Platz und geht mit dem rechten immer wieder um diesen herum. Die Drehungen werden schneller und alsbald öffnet der Praktizierende seine Arme wie eine Blüte, indem er sie beide seitlich ausstreckt. Dabei öffnet er zugleich die rechte Hand nach oben, zum Himmel, und die linke nach unten, zur Erde. Der Kopf bleibt zur rechten Seite geneigt. In dieser Körperhaltung vollzieht er nun seine weiteren Drehungen. Seine Aufmerksamkeit verankert er in der Mitte seiner Brust. Außerdem wiederholt er innerlich rhythmisch zu seiner Atmung fortwährend das Wort ›Allah‹, und zwar die erste Silbe dieses Wortes während des Einatmens und die zweite während des Ausatmens.

Ein anderes bekanntes Element der Sufi-Schulung sind die Lehr-geschichten. Dabei handelt es sich um spezielle Parabeln, die sich sowohl an den Suchenden wenden, als auch an denjenigen Schüler, der auf dem spirituellen Weg schon etwas weiter fortgeschritten ist. Die Sufi-Geschichten sind unter anderem darauf ausgerichtet, bei diesen Menschen die falschen Vorstellungen zu korrigieren, die sie eventuell über sich selbst haben oder von dem spirituellen Weg, der noch vor ihnen liegt. Außerdem sollen sie dem Suchenden oder Schüler auch ganz allgemein dabei helfen, feste Denkgewohnheiten zu durchbrechen und sich in einem multiperspektivischen, ganzheit-lichen Denken zu üben. Schließlich können sie ihm mitunter sogar neuartige Erfahrungen ermöglichen oder spirituelle Lehren vermit-teln.

Viele Lehrgeschichten der Sufis handeln von Mulla Nasrudin, einem Weisen, der hier oftmals als Narr auftritt. Er konfrontiert den Suchenden oder Schüler in jenen Geschichten mehr oder weniger deutlich mit einigen Ansichten und Verhaltensweisen, die ihm bei seinem eigenem Streben nach spiritueller Entwicklung in die Irre zu führen drohen.

In einer Sufi-Geschichte sieht ein Nachbar, wie Mulla Nasrudin draußen vor seinem Haus auf den Knien herumrutscht und nach etwas sucht. „Was hast Du denn verloren?" fragt der Nachbar. „Mei-nen Schlüssel!", sagt Nasrudin. Eine Zeit lang suchen sie beide gemeinsam, dann fragt der Nachbar: „Wo ist er Dir denn herunter-gefallen?" „Im Haus", entgegnet Nasrudin. „Ja um Himmels willen, warum suchst Du ihn denn dann hier?" – „Na, hier ist doch mehr Licht!"[13]

Diese Geschichte enthält, wie jede Lehrgeschichte der Sufis, mehrere Botschaften auf verschiedenen Ebenen: Zunächst einmal wendet sie sich an solche Menschen, die in ihrer spirituellen Suche einfach den wechselnden Moden folgen und sich immer wieder der-jenigen spirituellen Gruppierung zuwenden, die gerade besonders im Licht der Öffentlichkeit steht. Ihnen demonstriert der Mulla mit sei-nem Verhalten die Absurdität ihres Vorgehens. Daneben gibt es aber auch viele Suchende, die darauf hoffen, dass sie ihr spirituelles Selbst finden können, indem sie möglichst viele Bücher darüber lesen. Solchen Menschen will diese Geschichte verdeutlichen, dass das spirituelle Selbst letztendlich da gesucht werden muss, wo es verloren gegangen ist, nämlich im eigenen Inneren – auch wenn es dort zunächst noch ziemlich dunkel ist.

Es geht allerdings bei den Lehrgeschichten der Sufis nicht so sehr darum, sie nach dem Lesen möglichst sofort mit dem Verstand zu analysieren und zu interpretieren. Ein besserer Umgang besteht vielmehr darin, mit ihnen geistig schwanger zu gehen, sie also auf sich wirken zu lassen und in sich zu tragen. Oft gerät der Suchende oder Schüler früher oder später in eine Situation, die einer solchen Geschichte entspricht. Vielleicht erinnert er sich nun plötzlich an die jeweilige Geschichte und möglicherweise gelangt er dann gerade dadurch zu einer wichtigen neuen Erkenntnis über sich selbst oder auch über den spirituellen Weg. In diesem Sinne soll nun noch eine weitere Sufi-Geschichte erzählt werden, doch dieses Mal ohne Hinweise zu ihrer Bedeutung.

Mulla Nasrudin arbeitet als Fährmann auf einem Boot und setzt gerade bei stürmischen Wasser einen pedantischen Gelehrten über. Als er etwas sagt, das grammatikalisch nicht ganz richtig ist, fragt ihn der Gelehrte: „Haben Sie denn niemals Grammatik studiert?" „Nein", antwortet Nasrudin. „Dann haben sie ja ihr halbes Leben verschwendet", entgegnet ihm daraufhin der Gelehrte. Kurze Zeit später dreht sich Nasrudin zu seinem Passagier um: „Haben Sie jemals Schwimmen gelernt?" „Nein", antwortet der Gelehrte und fragt sogleich: „Warum?" Darauf der Mulla: „Dann war wohl Ihr ganzes Leben verschwendet – wir sinken nämlich!"[14]

Kontextspezifische Schulung

Deutlicher als auf vielen anderen spirituellen Wegen wird im Sufismus eine kontextspezifische Schulung betont und gepflegt. Dies ist eine Art und Weise der Schulung, bei der die Rahmenbedingungen sehr stark berücksichtigt werden, unter denen sie stattfindet, nämlich der Kontext von Zeit, Ort und Leuten. Diese Rahmenbedingungen werden zunächst einmal vor allem durch die Epoche und das Land gebildet, in denen die Schulung stattfindet, und bestehen demgemäß beispielsweise aus der Kultur, dem Zeitgeist, der Weltanschauung und den Moralvorstellungen, die während der jeweiligen Epoche in dem jeweiligen Land vorherrschen. Außerdem bilden hier aber auch die jeweiligen Menschen selbst einen wichtigen Kontext für die Schulung. Dies gilt beispielsweise für das Temperament und den Charakter, die Bedürfnisse und die Vorlieben, die Stärken und die Schwächen derjenigen Menschen, die geschult werden wollen. Bei einer kontextspezifischen Schulung werden die Methoden und Inhalte der Schulung in ihrer äußeren Form immer wieder verändert und dem spezifischen Kontext angepasst, wie eben beispielsweise der Kultur des jeweiligen Landes, dem Zeitgeist der jeweiligen Epoche und dem Temperament der einzelnen Schüler. Dementsprechend hat die Sufi-Schulung beispielsweise in einer recht weitgehend vom Atheismus geprägten westlichen Industrienation während des anbrechenden Informationszeitalters eine ganz andere Form, als in einem fast vollständig vom Islam durchdrungenen orientalischen Land während des ausgehenden Mittelalters.

Der Sufi-Meister bringt die Schulung stets in eine Form, die möglichst gut angepasst ist an die Gesellschaft, in der sie stattfinden soll, und an ihre Kultur. So kann die spirituelle Schulung hier größtenteils direkt in der gewöhnlichen Gesellschaft stattfinden, ohne dass sie von außen stehenden Personen überhaupt als solche erkannt wird. Außerdem beginnt sie auf diese Weise immer genau bei denjenigen Voraussetzungen, welche die Schüler selbst aus ihrer eigenen Kultur mitbringen.

Durchgeführt wird die Sufi-Schulung zu einem großen Teil in einer Gemeinschaft oder Gruppe von Schülern, die unter der Obhut und Leitung eines Sufi-Meisters an ihrer spirituellen Entwicklung arbeiten. Die eigentliche Schulung umfasst dabei gerade im Sufismus meistens sehr unterschiedliche Aktivitäten: Hierzu gehört körperliche Arbeit genauso wie geistige Tätigkeit, Putzen und Kochen ebenso wie das Lesen von ausgewählten Lehrgeschichten und das Meditieren mittels heiliger Formeln.

Die Epoche und das Land, in denen die Schulung stattfindet, bilden dabei für die Sufi-Schulung gleichsam den groben äußeren Kontext. Daneben gibt es noch den feinen äußeren Kontext der Schulung. Dieser besteht aus der unmittelbaren Situation und dem aktuellen Augenblick, in denen sich Meister und Schüler jeweils gerade befinden.

In den unterschiedlichen Situationen des Alltags einer Sufi-Schulung gibt es immer wieder Augenblicke, in denen ein Schüler recht leicht eine wichtige neue Erfahrung machen oder eine wichtige neue Erkenntnis gewinnen kann, wenn ihm der Lehrer genau dort und dann ganz spontan dazu verhilft. So besteht die Kunst einer ›Schulung im Augenblick‹ für den Sufi-Meister darin, jeweils der richtigen Person zur richtigen Zeit den richtigen Anstoß zu geben, beispielsweise in Form einer passenden Frage oder in Form einer geeigneten Aufforderung. Ein Sufi-Lehrer, der diese Kunst beherrscht, ist ein ›Meister des Augenblicks‹.

Schließlich gibt es auch noch den inneren Kontext der Schulung. Dieser besteht sozusagen aus der inneren Verfassung des jeweiligen Schülers, also beispielsweise aus seiner inneren Stabilität und seinen inneren Überzeugungen, aus seinen Charaktereigenschaften und aus seinem Temperament sowie aus seinen besonderen Fähigkeiten und seinen individuellen Defiziten.

So beginnt die Sufi-Schulung normalerweise keineswegs bei den Wünschen des Schülers, etwa nach möglichst baldigen spirituellen Erlebnissen, sondern stattdessen bei den Notwendigkeiten seiner inneren Verfassung. Hier müssen beispielsweise viele Schüler in ihrem Seelenleben erst einmal jene Stabilität entwickeln, die nötig ist, damit sie überhaupt neue Erfahrungen zulassen und neue Erkenntnisse integrieren können. Außerdem müssen sie auch recht bald einige ihrer impliziten Überzeugungen überprüfen und korrigieren. Hierzu gehört etwa die Überzeugung mancher Schüler, man könne den eigenen mystischen Kern mit dem Verstand erfahren, oder die Überzeugung anderer Schüler, man könne in Büchern keinerlei Erkenntnisse finden, die für die eigene spirituelle Entwicklung nützlich sind. Auch das Temperament der Leute wird in der Sufi-Schulung berücksichtigt. So hat beispielsweise Rumi den Wirbeltanz ursprünglich vor allem wegen des phlegmatischen Temperamentes seiner Schüler als Meditationsmethode eingeführt.

In der Gemeinschaft oder Gruppe, in der die Sufi-Schulung zu einem großen Teil stattfindet, sowie auch darüber hinaus für den je eigenen Alltag werden jedem Schüler von dem Lehrer stets genau solche Tätigkeiten aufgegeben, die ihn ganz besonders in seiner spirituellen Entwicklung voranbringen. Oft handelt es sich dabei gerade nicht um Tätigkeiten, die seinen Begabungen oder seinen Vorlieben entsprechen. Außerdem handelt es sich dabei oft auch überhaupt nicht um Tätigkeiten, die einen spirituellen Anschein erwecken. So erhält ein intellektueller Schüler, der sich noch nie handwerklich betätigt hat, vielleicht die Aufgabe, aus Holz eine Figur zu schnitzen, und ein handwerklich begabter Schüler, der schon lange nicht mehr geputzt hat, den Auftrag, die Räumlichkeiten, in denen die Schulung stattfindet, sauber zu halten. Beide müssen hier nun solchen Tätigkeiten nachgehen, die sie offensichtlich nicht gewohnt sind. Sie können dabei unter anderem auch etwas von jener Bescheidenheit und Hingabe einüben, die für ihre weitere spirituelle Schulung unabdingbar sind.

In einer Gruppe oder Gemeinschaft von Schülern bleiben auch Spannungen zwischen ihnen nicht aus. Durch gezielte Fragen oder Hinweise des Meisters im jeweils geeigneten Augenblick können die Schüler hier aber immer deutlicher erkennen, wie sie selbst jeweils innerlich auf jene Spannungen reagieren: vielleicht beleidigt oder gar verletzt, unsicher oder gar ängstlich, gereizt oder gar wütend. Durch solche und andere Interventionen erlangen die Schüler eine zunehmend bessere Selbsterkenntnis.

Eine präzise und umfassende Selbsterkenntnis ist besonders in der Sufi-Schulung ein wichtiges Etappenziel auf dem spirituellen Entwicklungsweg. Dementsprechend dienen viele der bereits genannten Aktivitäten und Maßnahmen der Sufi-Schulung unter anderem auch diesem Ziel. Mit ihrer Hilfe erforscht der Schüler beispielsweise die Grundmuster seines Denkens sowie die Eigenheiten seines Gefühlslebens und nicht zuletzt auch die Funktionsweise seines Körpers. Darüber hinaus dienen die dargestellten Aktivitäten und Maßnahmen zugleich auch der harmonischen Weiterentwicklung seines Denkens und Fühlens sowie seiner Motorik: So lernt der Schüler durch sie beispielsweise, mit seinem Verstand flexibler zu denken, seine Gefühle intensiver zu spüren und seine Hände geschickter zu gebrauchen.

Ein anderes wichtiges Element der Sufi-Schulung ist die Überraschung: Dieses Element zeigt sich darin, dass die spirituelle Schulung im Sufismus keinen festen äußeren Regeln folgt, sondern für den Schüler immer wieder unerwartete Wendungen nimmt. Dementsprechend kommt es oft vor, dass der Lehrer ihm von einem Tag auf den nächsten eine völlig andere Tätigkeit zuweist, oder dass er ihn an einem Tag für ein bestimmtes Verhalten lobt und ihn am nächsten Tag für das gleiche Verhalten tadelt. Auf diese Art wird der Schüler in der Sufi-Schulung ständig mit neuartigen Herausforderungen konfrontiert.

Bei einer ›Schulung im Augenblick‹ bringt der Sufi-Meister den Schüler immer wieder gut dosiert in neuartige Schwierigkeiten, auf dass jener sie bewältigen und durch sie innerlich wachsen möge. Die Augenblicke, in denen die Schulung dabei jeweils stattfindet, können hier auch solche sein, in denen der Meister selbst gar nicht anwesend ist. So mag der Meister den Schüler in dessen Urlaub mit einem bestimmten Auftrag auf eine Reise in ein fernes Land schicken. Hier werden dann alle Schwierigkeiten, mit denen der Schüler auf jener Reise konfrontiert wird, für ihn zu Herausforderungen, um sich weiterzuentwickeln.

Ein wichtiges Ziel all dieser Schulungsmaßnahmen ist die Verwirklichung von Achtsamkeit. Die immer wieder neuen, ungewohnten und oft auch unerwarteten Tätigkeiten und Herausforderungen rütteln den Schüler innerlich zunehmend auf. Genau dadurch aber wird er immer öfter auch in jenen Zustand einer erhöhten geistigen Wachheit versetzt, der die unabdingbare Voraussetzung für eine spirituelle Weiterentwicklung ist.

Die mystische Philosophie des Ibn Arabi

Ibn Arabi lebte im 12. / 13. Jahrhundert in Spanien sowie in Nordafrika und Vorderasien. Er gilt als der größte Philosoph des Sufismus. Seine Philosophie kann als eine theosophische charakterisiert werden: Welt und Mensch sind darin von Gott her und auf Gott hin konzeptualisiert. Die Philosophie von Ibn Arabi basiert dabei hauptsächlich einerseits auf zentralen Aussagen aus dem Koran, dem heiligen Buch des Islam, sowie auf wichtigen Aussprüchen von Mohammed, dem höchsten Propheten des Islam. Andererseits basiert sie auf eigenen mystischen Erfahrungen von Ibn Arabi selbst, aber auch auf Erkenntnissen und Überzeugungen von vorangegangenen Philosophen und Mystikern.

Gemäß der Philosophie von Ibn Arabi hat Gott die Welt geschaffen, um sich dadurch seiner selbst bewusst zu werden. In einem Ausspruch des Propheten Mohammed sagt Gott von sich: „Ich war ein verborgener Schatz und hatte Sehnsucht danach, erkannt zu werden; also schuf ich die Welt, auf dass ich erkannt werde."

Geschaffen wurde die Welt nach Ibn Arabi von Gott mittels seiner Namen. Wirksam waren hierbei vor allem die 99 schönen Namen Gottes, die bereits im Koran genannt werden. Diese Namen stehen zunächst einmal für verschiedene Eigenschaften Gottes. So ist Gott beispielsweise Ar-Rahim, der Barmherzige, Al-Bari, der Erschaffer, und Al-Hafidh, der Bewahrende. Weitere Namen Gottes sind etwa Ar-Razzaq, der Versorgende, und Al-Wakil, der Verwaltende. Darüber hinaus ist Gott auch Al-Basit, der Ausbreitende, und Al-Qabid, der Zusammenziehende, Al-Muhyi, der Lebenspendende, und Al-Mumit, der Todbringende, sowie Al-Mani, der Verhinderer, und Ad-Dar, der Schädigende.

Nach Ibn Arabi sind nun die 99 schönen Namen Gottes zugleich Werkzeuge Gottes, durch die er dereinst die Schöpfung bewirkt hat und durch die er auch weiterhin innerhalb der Schöpfung wirkt. Jede Eigenschaft Gottes ist ein Urprinzip, mit dem Gott bezüglich der Schöpfung eine Wirkung erzielen kann, die jener Eigenschaft entspricht. So ist die Eigenschaft Gottes, der Barmherzige zu sein, zugleich auch ein barmherziges Urprinzip, durch das er bezüglich der Schöpfung barmherzig sein kann.

Der göttliche Name Al-Bari ist das erschaffende Urprinzip. Es ist jene Eigenschaft, durch die Gott bezüglich der Schöpfung als Erschaffer wirken kann. Al-Hafidh hingegen ist das bewahrende Urprinzip. Durch seine Eigenschaft als Ar-Razzaq kann Gott versorgend wirken und durch seine Eigenschaft als Al-Wakil verwaltend. Al-Basit ist das ausbreitende Urprinzip und Al-Qabid das zusammenziehende, Al-Muhyi das lebenspendende und Al-Mumit das todbringende, Al-Mani das verhindernde und Ad-Dar ist das schädigende Urprinzip.

Die schönen Namen Gottes bilden zunächst eine Zwischenwelt zwischen Gott und seiner eigentlichen Schöpfung, der Erscheinungswelt, in der alle Erscheinungsformen, wie beispielsweise Dinge und Lebewesen, existieren. Jene Zwischenwelt, in der die göttlichen Namen beheimatet sind, wird von Ibn Arabi auch als Urwolke bezeichnet. Sie ist gleichsam aus dem Atem Gottes hervorgegangen.

In der Zwischenwelt formen die Urprinzipien nun ersteinmal für jedes Ding und jedes Lebewesen der Schöpfung eine entsprechende Uridee. Die einzelnen Urideen entstehen dabei durch vielfältige

Wechselwirkungen der Urprinzipien untereinander. Sie werden von Ibn Arabi auch als fixierte Prototypen bezeichnet. Es handelt sich bei ihnen um Ideen Gottes von ganz konkreten Dingen, Lebewesen oder auch Ereignissen, die sich dann irgendwann in der Erscheinungswelt manifestieren. So gibt es von jedem Ding und jedem Lebewesen sowie auch von jedem Ereignis zuvor bereits eine Uridee in der Zwischenwelt. Die gesamte Schöpfung geht aus solchen Urideen hervor.

Für Ibn Arabi ist die Schöpfung dabei nicht so sehr ein einmaliger Akt, der am Anfang der Zeit stattgefunden hat, sondern vielmehr ein kontinuierlicher Prozess insofern, als Gott auch weiterhin immer wieder neue Dinge, Lebewesen und Ereignisse kreiert. Jedes neue Ding, Lebewesen oder Ereignis, das in unserer Welt hergestellt wird, auftritt oder stattfindet, ist nach Ibn Arabi letztendlich eine Schöpfung Gottes, die er vermittels einer entsprechenden Uridee in der Erscheinungswelt zur Manifestation bringt.

Gott hält sich dabei stets an die Gesetze, die er selbst in unsere Welt hineingegeben hat, nämlich an die Naturgesetze. Er bringt nicht irgendwelche Dinge, Ereignisse oder Lebewesen zur Manifestation, die jenen Gesetzen widersprechen.

Jeder einzelne Mensch entspringt ebenfalls einer Idee Gottes. So gibt es auch für jeden Menschen zunächst eine entsprechende Uridee in der Zwischenwelt. Darin sind seine körperliche Erscheinung und sein individueller Charakter sowie mögliche Veränderungen diesbezüglich bereits von vornherein festgelegt. Die Veränderungsmöglichkeiten beinhalten dabei aber auch einen gewissen Freiheitsspielraum für den jeweiligen Menschen bezüglich seiner selbst. Wie er diesen Freiheitsspielraum verwendet, ob er ihn beispielsweise dazu nutzt, um die vorgegebenen Charaktereigenschaften seiner Persönlichkeit zu tugendhafter Reife zu entwickeln, dies liegt allein in seiner Verantwortung.

Nach Ibn Arabi bringt nun Gott die Schöpfung nicht einfach nur hervor, sondern er ist und bleibt auch fortwährend darin. Dies gilt sowohl für die Schöpfung insgesamt wie auch für jedes Ding, Ereignis oder Lebewesen in ihr. Gott manifestiert nicht nur einfach die Schöpfung, sondern er manifestiert vor allem sich selbst in der Schöpfung. So ist die gesamte Schöpfung, das ganze Universum und auch jedes Ding, Ereignis oder Lebewesen darin letztendlich eine Selbstmanifestation Gottes.

Gott ist der Eine in sich und er ist und bleibt auch eins mit seiner Schöpfung. Dadurch ist die Schöpfung in ihrer Essenz ebenfalls eine Einheit. Die Einheit von Gott und Schöpfung umfasst und beinhaltet außerdem noch die Zwischenwelt mit ihren Urprinzipien und Ur-ideen. Alles ist eins und diese Einheit ist Gott.

Das gesamte Sein ist also letztendlich eine Einheit, die wir Menschen jedoch normalerweise als eine Vielfalt erfahren, eine Vielfalt aus Gott und Welt, aus Dingen und Lebewesen, aus Atomen und Molekülen, Sternen und Galaxien. Innerhalb dieser Vielfalt erlebt sich jeder Mensch als ein eigenes und umgrenztes Ich oder Selbst, getrennt von allen anderen Dingen und Lebewesen sowie auch von Gott. Diese Getrenntheit ist jedoch eine Illusion, weil in der Essenz fortwährend eine Einheit besteht.

Trotzdem hat oder ist unsere Welt ein anderes Sein als Gott. Gott an und für sich ist der Eine, er ist das reine und absolute Sein. Die Erscheinungswelt hingegen, also das Universum, hat oder ist nur ein relatives und bedingtes Sein, das gegeben und abhängig ist von Gott. Doch auch in diesem bedingten Sein ist Gott. So existiert Gott sowohl jenseits von unserer Welt für sich, als auch immanent in unserer Welt. Er ist gleichzeitig allumfassend und transzendent gegenüber allem.

Dementsprechend gibt es also nach Ibn Arabi einerseits über-haupt nur Gott. Jedes Ding oder Lebewesen ist eine Manifestation Gottes und jedes Tun oder Lassen eines Menschen ist ein Verhalten Gottes. Andererseits ist aber nach Ibn Arabi jeder Mensch trotzdem für sein Tun oder Lassen selbst verantwortlich.

Es gibt durchaus auch die Schöpfung. Ihr Ziel erfüllt sich nach Ibn Arabi in jenen Menschen, die Gott unmittelbar und vollständig erkennen. Solche Menschen betrachtet Ibn Arabi als vollendet. Durch sie erkennt auch Gott sich selbst unmittelbar und vollständig.

Der Mensch ist das einzige Geschöpf auf Erden, dem die Möglichkeit innewohnt, Gott ganz zu erkennen. Der vollendete Mensch ist einer, der diese Möglichkeit verwirklicht hat. Er verschmilzt in seinem Erleben bewusst und vollständig mit Gott, indem er seine essenzielle Einheit mit ihm unmittelbar erfährt und erkennt.

Vor der Verschmelzung oder Vereinigung des jeweiligen Menschen mit Gott liegt bei ihm zunächst jedoch eine Entwerdung oder eine Auslöschung, die im Sufismus auch als Fana bezeichnet wird. Während dieser Entwerdung verschwindet vor allem die Umgrenzung in der Erfahrung des eigenen Selbst beziehungsweise in der Erfahrung der eigenen Seele oder des eigenen Ichs. Der Mensch erfährt sich selbst nun nicht mehr länger als ein umgrenztes Ich, das getrennt ist von allen anderen Dingen und Lebewesen sowie auch von Gott.

Stattdessen erkennt der Mensch nun Gott unmittelbar und damit zugleich auch seine essenzielle Einheit mit ihm und mit der gesamten Schöpfung. Darin aber liegt zugleich der höchste Sinn der Schöpfung. Das gesamte Universum wurde von Gott vor allem deshalb geschaffen, um immer wieder solch einen vollendeten Menschen hervorzubringen. Durch ihn erfüllt sich das Ziel der Schöpfung, nämlich die Sehnsucht Gottes, erkannt zu werden.

Jüdische Mystik

Innerhalb der jüdischen Mystik lassen sich vor allem zwei große Strömungen benennen, nämlich die spanische Kabbala und der osteuropäische Chassidismus. Die Lehre vom Lebensbaum, die Zahlendeutung der Buchstaben und die Buchstabenkontemplation von Abulafia sind zentrale und zugleich auch komplizierte Elemente der spanischen Kabbala. Der Pfad des osteuropäischen Chassidismus hingegen ist ein vergleichsweise einfacher Weg der Frömmigkeit und der Freude. Die grundlegendste Schrift der jüdischen Religion sowie der jüdischen Spiritualität ist die Tora. Sie berichtet auch von mystischen Erfahrungen, etwa von jener, in der Moses ein Engel erschien, in einem Busch, der mit Feuer brannte und doch nicht davon verzehrt wurde.

Der Lebensbaum

Der Lebensbaum ist das wichtigste Symbol der jüdischen Mystik. Grafisch zeigt dieses Symbol einen abstrahierten Baum, der aus zehn Kreisen besteht, den sogenannten Sephiroth, und aus zweiundzwanzig Verbindungslinien dazwischen. Jede Sephira ist zugleich eine Zahl und hat außerdem einen eigenen Namen. Die Spitze oder Krone des Baumes bildet Kether (1). Darunter befinden sich rechts Chockmah (2) und links Binah (3) sowie als nächstes rechts Chesed (4) und links Geburah (5). Unterhalb von diesen Sephiroth folgt eine einzelne Sephira in der Mitte, nämlich Tiphareth (6). Daraufhin folgen rechts Netzach (7) und links Hod (8). Den Stamm des Lebensbaumes bildet Jesod (9) und als Wurzel befindet sich darunter Malkuth (10). Abbildung 2 veranschaulicht den Lebensbaum.

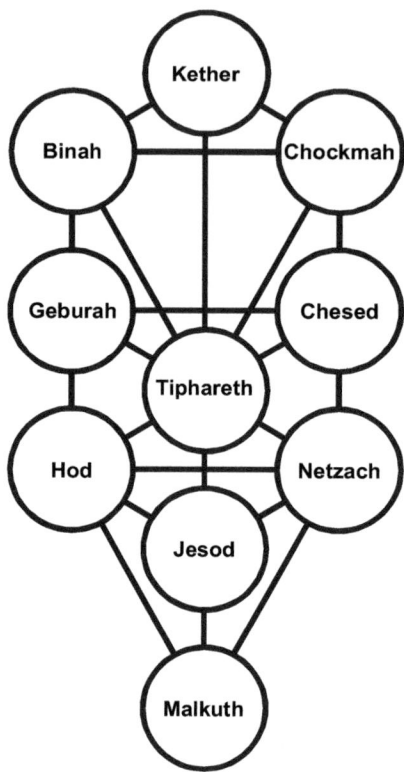

Abbildung 2: Der Lebensbaum

Als Symbol steht der Lebensbaum vor allem für die zehn Attribute Gottes. Jede Sephira verkörpert hier eines dieser Attribute. Als Verkörperung eines göttlichen Attributes bildet sie einerseits gleichsam einen Ast, der in Ain Soph, dem Unendlichen wurzelt. Anderseits ist jede Sephira als Verkörperung eines göttlichen Attributes aber auch eines der zehn Urprinzipien, welche die Erscheinungswelt regieren. Die zehn Sephiroth als Attribute Gottes und als Urprinzipien der Erscheinungswelt sind die folgenden: Kether ist die Krone Gottes, Chockmah dessen Weisheit und Binah dessen Intelligenz. Chesed steht für die Liebe Gottes und Geburah für seine Macht. Tiphareth ist die Schönheit Gottes, Netzach dessen Beständigkeit und Hod dessen Majestät. Jesod bildet das Fundament Gottes und Malkuth seine Herrschaft.

Die Zahlen der zehn Sephiroth sind als Urprinzipien gestaltende Wirkkräfte bezüglich der Erscheinungswelt. Neben diesen Zahlen, und von ihnen abgeleitet, sind die zweiundzwanzig Buchstaben des hebräischen Alphabetes ebenfalls solche Wirkkräfte. Im Lebensbaum symbolisiert jede der zweiundzwanzig Verbindungslinien zwischen den zehn Sephiroth einen Buchstaben des hebräischen Alphabetes.

Die zehn Sephiroth des Lebensbaumes werden mitunter auch zu drei Säulen zusammengefasst. Hier ergeben die rechten Sephiroth dann die ›Säule der Gnade‹, die linken die ›Säule der Stärke‹ und diejenigen dazwischen die ›Säule der Mitte‹. Eine Zusammenfassung von Sephiroth zu Triaden ist ebenfalls gebräuchlich. Dabei bilden die oberen drei Sephiroth das erste Dreieck, die folgenden drei das zweite, die nächsten drei das dritte und die unterste Sephira bleibt für sich.

Als Symbol der Urprinzipien ist der Lebensbaum ein Schema, das auf verschiedene Aspekte oder Sphären der Wirklichkeit angewandt werden kann. Die allgemeinste Anwendung dieses Schemas gilt den vier Welten. Nach der Auffassung der Kabbala gibt es zwischen dem höchsten Absoluten, Ain Soph genannt, und der Welt der Erscheinungen, in der wir Menschen leben, noch drei weitere Welten. In diesen sind die Urprinzipien sowie die daraus sich ergebenden Urideen beheimatet. Es handelt sich dabei um Atziluth, die eigentliche Welt der Urprinzipien, Briah, die Welt der Urschöpfung, und Yetzirah, die Welt der Ausgestaltung. Die Welt der Erscheinungen wird in der Kabbala als Assiah bezeichnet. Jede dieser vier Welten kann durch einen eigenen Lebensbaum dargestellt werden.

In Atziluth bilden die zehn Sephiroth eine Welt, die unmittelbar von Gott beziehungsweise aus dem Ain Soph stammt. Hier ist jede Sephira ein Urprinzip und zugleich auch identisch mit einem der zehn göttlichen Namen. Dementsprechend ist Atziluth auch die Welt der göttlichen Namen. Diese Namen lauten Ehieh (1), Jah (2), Jehova (3), El (4), Eloha (5), Elohim (6), Jave Sabaoth (7), Elohim Sabaoth (8), Shadai (9) und Adonai (10).

In Briah, die Welt der Urschöpfung, entstehen aus den zehn Urprinzipien die einzelnen Urideen für die verschiedenen Formen der Erscheinungswelt. In Yetzirah, der Welt der Ausgestaltung, differenzieren sich die Urideen aus, sodass sie schließlich die unzähligen Erscheinungsformen hervorbringen können. Yetzirah ist damit die eigentliche Welt der Urideen. Die Erscheinungsformen, welche aus den Urideen von Yetzirah hervorgehen, existieren daraufhin in Assiah, also in unserem Universum. Alle Veränderungen in diesem Universum werden ebenfalls durch die Urideen in Yetzirah bewerkstelligt.

Häufig werden alle vier Welten zusammengefasst durch einen einzigen Lebensbaum dargestellt. Hier stehen dann die ersten drei Sephiroth, nämlich Kether, Chockmah und Binah für Atziluth, die Welt der Urprinzipien, Chesed, Geburah und Tiphareth stehen für Briah, die Welt der Urschöpfung, Netzach, Hod und Jesod für Yetzirah, die Welt der Ausgestaltung, und Malkuth steht für Assiah, die Welt der Erscheinungen. Der Lebensbaum, welcher sich dergestalt über die vier Welten erstreckt, steht damit sozusagen zwischen Gott als Einheit und der Vielfalt der Erscheinungswelt. So versinnbildlicht er zugleich auch die Emanation, die Ausströmung von Gottes Attributen aus Gott heraus. Durch diese Emanation ist die Erscheinungswelt dereinst entstanden und durch sie wandelt sie sich seitdem fortwährend. Die unterste Sephira, Malkuth, ist in dem hier beschriebenen Lebensbaum zugleich auch Schechina, die Präsenz

Gottes. So verbürgt sie als Schechina die Anwesenheit Gottes in der Erscheinungswelt.

Wenn die höchste der vier Welten, nämlich Atziluth, allein durch einen eigenen Lebensbaum dargestellt wird, dann enthält dieser in den zehn Sephiroth die bereits erwähnten zehn göttlichen Namen. Bei dem Lebensbaum von Briah, der darunter liegenden Welt, verkörpern die zehn Sephiroth die zehn göttlichen Attribute. In Yetzirah ergibt sich der Lebensbaum dadurch, dass all die unzähligen Urideen jener Welt jeweils demjenigen göttlichen Attribut zugeordnet werden, dem sie am nächsten sind. Oft werden die Sephiroth des Lebensbaumes von Briah, der Welt oberhalb von Yetzirah, auch mit den Namen von Erzengeln bezeichnet. So gibt es in Briah für jedes Urprinzip einen Erzengel, der es verkörpert. Entsprechend symbolisieren dann in Yetzirah verschiedene Engelscharen die unzähligen Urideen.

In einem Lebensbaum, welcher allein Assiah, die Erscheinungswelt, widerspiegelt, könnten die zehn Sephiroth folgendermaßen belegt sein: Die unterste Sephira, Malkuth, steht für die anorganische Materie beziehungsweise für die Mineralien, Jesod steht für das organische Leben, Netzach für die Pflanzen und Tiere und Hod für die Menschen. Tiphareth verkörpert im Lebensbaum der Erscheinungswelt die Erde, Geburah alle anderen Planeten unseres Sonnensystems und Chesed die Sonne. Binah steht für alle Galaxien, Chockmah für die kosmische Energie und Kether, die Krone des Lebensbaumes, für die spirituelle Dimension, die der Erscheinungswelt zugrunde liegt und die sie zugleich transzendiert.

Oft wird der Lebensbaum auch als ein Symbol für den Menschen verwendet. Hier reicht er dann vom menschlichen Körper bis zum mystischen Kern. Die einzelnen Sephiroth stehen in dieser Betrachtungsweise für verschiedene Komponenten der menschlichen Persönlichkeit, aber auch für höhere Möglichkeiten, die erst durch eine spirituelle Weiterentwicklung verwirklicht werden können. So steht Malkuth hier für den Körper, Jesod für die innere Bilderwelt, Hod für das Denken und Netzach für das Wünschen. Die weiteren Sephiroth symbolisieren die höheren Möglichkeiten. Tiphareth verkörpert die authentische Individualität des Menschen, zu der er hinfinden kann, Geburah eine charakterliche Festigkeit, die er zu entwickeln vermag, und Chesed eine mitmenschliche Barmherzigkeit, zu der er vielleicht irgendwann fähig sein wird. Binah steht für spirituelle Intelligenz, Chockmah für göttliche Eingebung und Kether schließlich für den mystischen Kern, der in der jüdischen Mystik auch als Neschama bezeichnet wird.

Die hebräischen Buchstaben als mystisches Werkzeug

Gemäß der Tora, der heiligsten Schrift des Judentums, hat Gott die Welt sprechenderweise geschaffen, also mit Worten, die aus Buchstaben bestehen. So sind für die jüdische Mystik die zweiundzwanzig Buchstaben des hebräischen Alphabetes das Werkzeug der Schöpfung und seitdem die Grundelemente aller Dinge und aller Geschöpfe. Die wichtigsten Urprinzipien der Erscheinungswelt sind die zehn Sephiroth des Lebensbaumes. Diese zehn Sephiroth sind zugleich auch als Zahlen von eins bis zehn in den ersten zehn Buchstaben des hebräischen Alphabetes enthalten. Die weiteren Buchstaben dieses Alphabetes haben andere Zahlen, die von den zehn Sephiroth abgeleitet sind. Die zweiundzwanzig Buchstaben des hebräischen Alphabetes bilden außerdem auch die zweiundzwanzig Verbindungslinien zwischen den zehn Sephiroth im Lebensbaum. Die Tabelle in Abbildung 3 auf der nächsten Seite präsentiert die zweiundzwanzig Buchstaben des hebräischen Alphabetes und die zu ihnen gehörenden Zahlen.

א Alef 1	ב Beth 2	ג Gimel 3	ד Daleth 4	ה He 5
ו Wav 6	ז Zajin 7	ח Chet 8	ט Tet 9	י Jod 10
כ Kaf 20	ל Lamed 30	מ Mem 40	נ Nun 50	
ס Samech 60	ע Ajin 70	פ Pe 80	צ Sade 90	
ק Qof 100	ר Resch 200	ש Shin 300	ת Tav 400	

Abbildung 3: Die zweiundzwanzig Buchstaben des hebräischen Alphabetes

Die zweiundzwanzig Buchstaben des hebräischen Alphabetes sind also visuelle und klangliche Verkörperungen der Urprinzipien, aus denen die Erscheinungswelt geschaffen ist. Alef, der erste Buchstabe des hebräischen Alphabetes, symbolisiert hier als Urprinzip das Wesen Gottes und Jod, der zehnte Buchstabe, symbolisiert als Urprinzip das Reich Gottes. He ist das Urprinzip der Macht und Wav dasjenige der Schönheit. Weitere Urprinzipien sind Nun, das Urprinzip des Schrecklichen, und Qof, dasjenige des Heiligen, Ajin, das Urprinzip des Mutes, und Sade, dasjenige der Gerechtigkeit, sowie Kaf, das Urprinzip der Kraft, und Tav, dasjenige der Vollendung.

Es gibt dabei in der jüdischen Mystik gleichsam primäre und sekundäre Urprinzipien. Die primären sind die Urprinzipien von 1 bis 10 beziehungsweise von Alef bis Jod. Sie entsprechen zugleich den zehn Sephiroth des Lebensbaumes. Auf die primären Urprinzipien folgen dann die sekundären von Kaf bis Tav, denen die anderen Zahlen zugeordnet sind. Nullpunkt und Ursprung dieser beiden Reihen von Urprinzipien ist Jod. Dieses Urprinzip mit der Zahl 10 bildet einerseits den Ausgangspunkt für die Reihe der primären Urprinzipien und andererseits auch den Ausgangspunkt für die Reihe der sekundären Urprinzipien. Die Reihe der primären Urprinzipien führt hier von Jod, dem Reich Gottes, wieder zurück zu Alef, dem Wesen Gottes, und die Reihe der sekundären Urprinzipien führt von dort aus hinein in jenes Reich bis zu Tav, der Vollendung.

Der Kabbalist, der den Weg der Buchstaben geht, wendet sich innerlich den Urprinzipien zu, um durch sie zur höchsten Gotteserfahrung zu gelangen. Ein wichtiger Ausgangspunkt für diesen Weg ist die Tora, die heiligste Schrift des Judentums. Die Worte dieser Schrift, die Buchstaben, aus denen sie bestehen, und die Zahlenwerte, die jenen Buchstaben zugeordnet sind, bilden hier die Verbindungsglieder zwischen der Tora und den Urprinzipien. Sie sind für den Kabbalisten gleichsam das mystische Werkzeug, mit dem er sich zur höchsten Gotteserfahrung vorarbeitet und vorbereitet.

Gemäß der Auffassung der Kabbalisten übermittelt der Text der Tora nicht nur die bekannten religiösen Wahrheiten des Judentums, sondern er symbolisiert dahinter auch noch geheime esoterische Wahrheiten. Diese sind in dem sinnlich wahrnehmbaren Text der Tora eingekleidet verborgen. Sie können aber mithilfe einer speziellen Methode der Schriftauslegung aus diesem Text herausdestilliert werden. Durch die meditative Versenkung in die jeweils herausdestillierte Wahrheit kann der Kabbalist jene dann für seine eigene spirituelle Weiterentwicklung nutzen.

Die wichtigste Methode der kabbalistischen Schriftauslegung ist diesbezüglich die Gematrie. Hierbei handelt es sich um eine Methode der Auslegung von Texten mithilfe von Zahlenwerten. Grundlage dafür ist die Zuordnung von Zahlen zu den hebräischen Buchstaben, wie in Abbildung 3 präsentiert. Durch diese Zuordnung kann jeder Buchstabe als eine Zahl gelesen und jedes Wort in eine Reihe von Zahlen überführt werden. Indem aus der Reihe von Zahlen die Summe gebildet wird, ergibt sich der Zahlenwert des jeweiligen Wortes. Außerdem ist es noch möglich, aus dem Zahlenwert eines Wortes wiederum die Quersumme zu bilden. Diese Vorgehensweisen sollen nun zunächst an einem Beispiel veranschaulicht werden.

Das Wort ›Messias‹ beispielsweise wird auf hebräisch משיח geschrieben. Die Buchstaben, aus denen es zusammengesetzt ist, lassen sich in die Zahlenreihe 8 – 10 – 300 – 40 übertragen und ergeben damit einen Zahlenwert von 358: (ח = 8) + (י = 10) + (ש = 300) + (מ = 40) = 358. Die Quersumme dieses Zahlenwertes beträgt 7. Sie kommt folgendermaßen zustande: 358 ergibt 3 + 5 + 8 = 16 ergibt 1 + 6 = 7. Nach der Logik der Gematrie verweisen nun andere Wörter, die ebenfalls einen Zahlenwert von 358 oder eine Quersumme von 7 haben, auf Gegebenheiten, die mit dem jüdischen Messias und seinem Erlösungswerk in Zusammenhang stehen.

Etwas allgemeiner formuliert lassen sich gemäß der Logik der Gematrie aus dem Zahlenwert oder der Quersumme eines Wortes aus der Tora verschiedene Verbindungen herstellen, zu anderen Worten aus der Tora, welche den gleichen Zahlenwert oder die gleiche Quersumme haben. Aus solchen Verbindungen resultiert dann gleichsam ein geheimer Hypertext, der in den bekannten Wahrheiten der Tora verborgen ist. Dieser Hypertext beinhaltet die esoterischen Wahrheiten der Tora.

Es ist jedoch kaum sinnvoll, die esoterischen Wahrheiten eines Hypertextes aus der Tora in einem normalen linearen Text zu formulieren, denn sie bestehen aus ganzen Netzen von Verbindungen zwischen einzelnen Worten und Gegebenheiten, die es vor allem intuitiv und visionär zu erfassen gilt. Außerdem findet jeder Kabbalist hier seinen individuellen Zugang zu diesen Wahrheiten, je nachdem, welche von den vielen möglichen Verbindungen er entdeckt und weiterverfolgt. Schließlich bilden diese Wahrheiten für ihn auch nur wiederum gleichsam ein Zwischenergebnis für seine eigene spirituelle Weiterentwicklung.

Die Anwendung der Gematrie auf die Tora ist für den mystisch orientierten Kabbalisten lediglich eine vorbereitende Praxis, durch die er sich selbst zunehmend auf Gott hin ausrichtet. Deshalb sollte er sich für die gematrische Schriftauslegung möglichst in die Abgeschiedenheit einer Kammer zurückziehen und die Schriftauslegung dort außerdem bevorzugt in der Stille der Nacht durchführen. Hier erfolgt dann auch die zielführende Praxis dieses Weges, welche aus einer meditativen Versenkung in die gematrisch ermittelten Wahrheiten besteht. Diese meditative Versenkung bildet gleichsam eine gematrische Meditation. Durch sie gelangt der Kabbalist innerlich nach und nach von den Buchstaben und Zahlen der esoterischen Wahrheiten aus dem Hypertext der Tora zu den Urprinzipien, die von jenen Buchstaben und Zahlen verkörpert werden und die zugleich die eigentliche Essenz des Hypertextes ausmachen. Wenn es dem Kabbalisten gelingt, sich innerlich mit den Urprinzipien und dabei speziell mit den Sephiroth zu verbinden, dann kann ihm von dort aus schließlich sogar die mystische Vereinigung mit Gott zuteil werden, die in der jüdischen Mystik als Devekut bezeichnet wird, als Gott-Anhangen.

Die Buchstabenkontemplation von Abulafia

Abraham Ben Samuel Abulafia lebte im dreizehnten Jahrhundert in Spanien und gilt als einer der bedeutendsten Mystiker und Theoretiker der Kabbala. Er hat vor allem die gematrische Meditation weiterentwickelt und zugleich neu durchdacht. Die Meditationsmethode, die daraus entstanden ist, wird als Buchstabenkontemplation oder auch als Zeruf bezeichnet. Es handelt sich dabei um eine Methode der permanenten Permutation von Buchstaben des hebräischen Alphabetes.

Für Abulafia ist die Buchstabenkontemplation der ideale Weg zur Erleuchtung, zu Devekut, dem Gott-Anhangen. Das Anhangen eines

Menschen an Gott wird für gewöhnlich durch innerpsychische Trennwände verhindert, die aber gerade durch die Buchstabenkontemplation möglichst schonend aufgeweicht werden können.

Nach Abulafia gibt es im Inneren des Menschen bestimmte Trennwände, die das individuelle Leben seiner Seele von dem überweltlichen Strom des kosmischen Lebens abtrennen, der durch alle Schöpfung geht, und die damit zugleich auch jede unmittelbare Gotteserfahrung verunmöglichen. Diese Trennwände halten die Seele sozusagen in ihrem natürlichen Bereich des menschlichen Lebens. Damit verhindern sie einerseits, dass die menschliche Seele vom Strom des kosmischen Lebens überwältigt wird, der gleichsam um sie herumfließt. So sichern sie die natürliche Funktionsweise der menschlichen Seele. Andererseits verhindern jene Trennwände aber auch, dass die menschliche Seele in einen unmittelbaren Kontakt mit Gott kommen kann.

Aufgebaut und aufrecht erhalten werden die inneren Trennwände nach Abulafia vermittels der Sinneswahrnehmungen und der daraus resultierenden Emotionen und Gedanken. Indem der gewöhnliche Mensch seine Seele ständig mit einer Unmenge an Sinneswahrnehmungen sowie Emotionen und Gedanken anfüllt, schirmt er sie zwar unbewusst, aber doch zugleich sehr wirkungsvoll ab, gegen den Strom des kosmischen Lebens und gegenüber jedweder Gotteserfahrung. Die Seele des gewöhnlichen Menschen ist regelrecht imprägniert mit Wahrnehmungen der äußeren Welt sowie mit ihren eigenen Affekten und gedanklichen Überlegungen. Gerade dadurch ist es für den Menschen äußerst schwer, von seiner Seele aus zur Anschauung und Erfahrung des Göttlichen zu gelangen.

Abulafia suchte nun nach einem Weg der Meditation, auf dem der überweltliche Strom des kosmischen Lebens in die Seele eindringen kann, ohne dass jene dabei zugrunde geht. Es sollte ein Weg sein, auf dem diejenigen Inhalte, welche die Seele normalerweise anfüllen und beschäftigen, entweder weggeschafft oder aber verwandelt werden. So suchte Abulafia nach Inhalten für die Meditation, mit denen die menschliche Seele ebenfalls imprägniert werden kann, die sie aber nicht vom überweltlichen Strom des kosmischen Lebens abtrennen, so wie es die natürlicherweise gegebenen Sinneswahrnehmungen, Emotionen und Gedanken tun, sondern die ihr jenen Strom stattdessen sogar zugänglich machen. Die von ihm gesuchten Meditationsinhalte sollten einerseits den Zweck erfüllen, ein tieferes Leben in der Seele entstehen zu lassen und die Seele von ihren natürlicherweise gegebenen Inhalten zu entleeren. Dementsprechend sollten sie selbst von höchster Bedeutung sein. Andererseits sollten jene Meditationsinhalte aber auch selbst möglichst keine Bedeutung haben, mit der die Seele angefüllt werden könnte. Es sollte sich also weder um einen anschaulichen Meditationsgegenstand handeln, noch um eine abstrakte Wahrheit, über die meditiert wird. Die geeigneten Inhalte für die Meditation findet Abulafia in den Buchstaben des hebräischen Alphabetes und speziell in ihren Kombinationen als Elemente von Gottes Namen. So erläutert und bestätigt er die Nützlichkeit der hebräischen Buchstaben für die jüdische Meditationspraxis. Gerade der Name Gottes erscheint ihm dabei als der ideale Gegenstand der Versenkung: Einerseits ist es der Name, der allem Bedeutung gibt, der etwas Absolutes darstellt, indem er das verborgene Wesen und die Fülle des höchsten Sinnes ausdrückt. Andererseits aber hat er doch selbst, an menschlichen Anschauungen gemessen, keine Bedeutung, keinen konkreten Inhalt oder Sinn.

Auf dieser Grundlage entwickelte Abulafia nun seine eigene Methode der Meditation über die Buchstaben und ihre Kombinationen als Elemente des Namens Gottes. Es handelt sich hierbei um eine Methode der gelenkten Meditation, bei welcher der Praktizierende in der Kontemplation die Buchstaben der hebräischen Sprache immer wieder neu kombiniert, auf einzelne Gruppen von Buchstaben ganze Motive aufbaut, verschiedene von solchen Motiven miteinander verbindet und deren Verbindungen dann nach allen Richtungen hin auskostet. Sätze und Wörter werden bei dieser Meditation in ihre Buchstaben zerlegt, die Buchstaben werden dann neu miteinander kombiniert, und es werden dabei auch jeweils einzelne Buchstaben durch andere ersetzt. Zwischendurch können die Buchstaben und Wörter außerdem noch in Zahlenwerte überführt werden und mittels dieser Zahlenwerte gelangt der Praktizierende dann wieder zu anderen Wörtern und Buchstaben. All diese Permutationen erfolgen dabei stets nach genau festgelegten alphabetischen und numerischen Regeln.

Der Praktizierende schreitet dabei jeweils vom Aussprechen der Buchstaben und ihrer Kombinationen zum Niederschreiben der Permutationen und Überdenken des Niedergeschriebenen fort und dann weiter zum bloßen Denken und zur reinen inneren Betrachtung dieser Meditationsinhalte. Das Aussprechen, das Niederschreiben und das Denken bilden dabei drei übereinander gelagerte Schichten der Meditation. Wenn während einer solchen Meditation beim Praktizierenden ablenkende Gedanken oder Fantasien auftreten, dann konstruiert er daraus Sätze, die er daraufhin in ihre Buchstaben zerlegt, welche er nun in die Meditation mit einbezieht.

In die Buchstabenkontemplation von Abulafia wird außerdem ganz bewusst auch der Körper mit einbezogen. Es gibt hier Anweisungen für besondere Gesten, die während der Meditation durchzuführen sind, und oft wird der Ablauf der Meditation mit dem Atemrhythmus kombiniert. Darüber hinaus ist der Praktizierende noch angehalten, sich während der Meditation zugleich auf die sieben feinstofflichen Zentren zu konzentrieren, die entlang der Wirbelsäule seines physischen Körpers und darüber hinaus angeordnet sind. Durch eine solche Konzentration öffnet sich der Meditierende schrittweise für den überweltlichen Strom des kosmischen Lebens, der über jene Zentren zugänglich gemacht werden kann.

Für die Durchführung der von Abulafia entwickelten Zeruf-Meditation sind bestimmte Vorbereitungen nötig. So hat der Praktizierende vorher seinen Körper und seine geistige Haltung zu reinigen, letztere besonders hinsichtlich Aversionen und Begierden bezüglich weltlicher Dinge und Angelegenheiten. Auch sollte er seinen Geist von allen seinen wissenschaftlichen Kenntnissen frei machen, denn solche Kenntnisse versperren in ihm ebenfalls den Durchgang für den

Strom des kosmischen Lebens oder für die Erfahrung der göttlichen Einheit. Die beste Zeit für die Zeruf-Meditation ist nach Abulafia die Stunde um Mitternacht. Der beste Ort dafür ist ein abgeschiedener Raum, der mit grünen Pflanzen geschmückt ist, in dem viele Kerzen leuchten und der vielleicht sogar nach brennendem Weihrauch duftet. Ausgangspunkt für die Buchstabenkontemplation kann etwa ein Satz aus der Tora sein.

Eine weit fortgeschrittene Form der Buchstabenkontemplation von Abulafia ist die Mediation über den Namen Gottes, das Tetragramm JHWH, hebräisch יהוה. In dieser Meditation werden speziell die einzelnen Buchstaben jenes Namens nacheinander in einer genau festgelegten Weise kontempliert, mit entsprechenden Intonationen und von passenden Gesten begleitet.

Hat sich der Praktizierende auf die Zeruf-Meditation eingelassen und ist schließlich seine Seele von allen äußeren Inhalten abgekehrt und vollständig der mystischen Kontemplation über die Buchstaben und ihre Permutationen als Elemente des Namens Gottes zugewandt, so gewinnt seine Seele dadurch die richtige Vorbereitung für den letzten Durchbruch. Die Trennwände, die normalerweise verhindern, dass die Seele des Menschen mit Gott in Berührung kommt, werden gelockert und können schließlich ganz aufgelöst werden. Plötzlich erfährt der Praktizierende in seiner Seele die Einheit mit Ain Soph, dem Absoluten, beziehungsweise mit Gott. Aber weil die individuelle Seele des Praktizierenden auf diesen Durchbruch in methodischer Weise vorbereitet wurde, geht sie dadurch nicht zugrunde, sodass der Praktizierende diese höchste Erleuchtung mit vollem Bewusstsein erleben kann.

Der Chassidismus

Der Chassidismus ist eine auf Mystik basierende jüdische Volksbewegung der Frömmigkeit und der Freude. Gegründet wurde diese

Bewegung im 18. Jahrhundert von Israel ben Elieser in Polen. Sie verbreitete sich alsbald vor allem in Osteuropa und machte dort in den einzelnen Ländern, von Polen bis zur Ukraine, die Mystik der Kabbala jeweils breiten Kreisen der jüdischen Bevölkerung zugänglich. Dabei formten die Meister des Chassidismus, von Elieser angefangen, aus den Lehren und den Methoden der Kabbala einen Pfad, der für viele Leute geeignet war und der auch von vielen Leuten gegangen wurde. Diese Leute, die Praktizierenden des Chassidismus, werden als Chassidim bezeichnet.

Der Weg und das Ziel des Chassidismus ist Devekut, das Anhangen an Gott. Gemäß der Lehre des Chassidismus beginnt dieses Anhangen bereits damit, im eigenen Geist möglichst oft an Gott zu denken, sich Gottes gedanklich möglichst oft innezuwerden, und es gipfelt dann darin, mit dem eigenen Geist tatsächlich in Gott aufzugehen, die Unio mystica, die mystische Vereinigung mit Gott bewusstseinsmäßig zu verwirklichen.

Israel ben Elieser, der Begründer des Chassidismus, ist vor allem als Baal Schem Tov bekannt, als Meister des göttlichen Namens. Gemäß ihm ist Gott vor allem Einheit und Fülle: „Alles, die himmlische und die irdische Welt ist ein Ganzes."[15] Nichts in der Welt existiert außerhalb dieses Ganzen. So bejaht der Baal Schem Tov nicht nur Gott, sondern auch dessen Schöpfung – und das Leben in seiner ganzen Reichhaltigkeit. Aus dieser bejahenden Grundhaltung lässt sich sowohl die Frömmigkeit wie auch die Freude des Chassidismus ableiten.

Der bedeutendste Schüler des Baal Schem Tov ist Dow Bär, der ebenfalls im 18. Jahrhundert lebte. Er ließ sich nach dem Tod seines Meisters in Mesritsch in der Ukraine nieder und wurde dort als der Maggid (Geschichtenerzähler) von Mesritsch bekannt. Nach Dow Bär lässt sich Gott recht gut als ›Ajin‹ charakterisieren, was so viel bedeutet wie ›Nichts‹. Ein Mensch, dem die Unio Mystica zuteil wird, die mystische Vereinigung mit diesem Nichts, erreicht damit Olam hamachschawa, die Welt des reinen Gewahrseins. Dieses reine Gewahrsein wiederum ermöglicht das Gewahrsein der vollständigen

Einheit, denn Gott ist nicht nur das reine Nichts, sondern auch Ain Soph, das unendliche Eine.

Die wichtigsten Praktiken des Chassidismus sind das achtsame Tun und das enthusiastische Gebet. Daneben gehören aber auch das intensive Studium der heiligen Texte und das gemeinsame Singen von religiösen Liedern mit zum Chassidismus. Im Singen der Lieder, oder gar im Tanzen, wird hier vor allem die Freude verwirklicht, und im Studium der Texte, speziell der Tora, vor allem die Frömmigkeit gepflegt. Die geistige Sammlung, die für das achtsame Tun und das enthusiastische Gebet erforderlich ist, wird im Chassidismus als Kawwana bezeichnet.

Unverzichtbar ist für den Chassidismus aber auch die strenge Beachtung der jüdischen Gebote, die zusammengefasst als Mitzvot bezeichnet werden. Hierzu gehören zunächst einmal die zehn Gebote, die bereits in der Tora formuliert sind, wie beispielsweise diejenigen, Gott zu ehren und auch Vater und Mutter, nicht zu morden und nicht zu stehlen. Darüber hinaus gehören zur Mitzvot aber noch zahlreiche weitere Vorschriften und Regeln, die praktisch alle Bereiche der persönlichen und der gemeinschaftlichen Lebensführung betreffen, von der Zubereitung der Speisen bis zur Fürsorge für die Armen.

Das achtsame Tun ist im Chassidismus ein Handeln, bei dem der jeweilige Mensch mit seinem Denken und Fühlen einerseits ganz im gegenwärtigen Moment präsent ist, und bei dem er mit seinem Denken und Fühlen andererseits zugleich möglichst weitgehend auf Gott hin ausgerichtet ist. Der Chassid bemüht sich hier bei jeder Handlung, die er vollzieht, spirituell vor allem darum, mit ihr Gott zu dienen. Dies gilt sowohl für religiöse wie auch für alltägliche Handlungen, und es gilt sogar für solche Handlungen, die, weltlich betrachtet, vor allem den eigenen Bedürfnissen zugute kommen.

Das enthusiastische Gebet sollte, was die geistige Haltung angeht, einem freudigen Herzen entspringen und, mehr noch als das achtsame Tun, ganz auf Gott hin ausgerichtet sein. Oft bitten Menschen in ihren Gebeten um etwas, das ihnen fehlt. Der Chassid konzentriert sich in seinem Gebet vor allem auf die Präsenz Gottes, an dessen Realisierung im eigenen Bewusstsein ihm mangelt. Die körperliche Haltung, die der Chassid beim Beten einnimmt, ist entweder eine kniende, mit nach vorne gebeugtem Oberkörper, oder eine stehende, oft mit schaukelnden Bewegungen.

Das mythologische Fundament für das enthusiastische Gebet und vor allem für das achtsame Tun bildet im Chassidismus eine Schöpfungslehre, die ursprünglich aus der Kabbala stammt und dort von dem Mystiker Isaak Luria verkündet wurde. Luria lebte im 16. Jahrhundert in Nordostafrika. Gemäß seiner Lehre hat Gott, als er damit begann, die Welt zu schaffen, zugleich sich selbst auf seine eigene Mitte hin zurückgezogen, um dadurch Platz zu machen für die entstehende Welt. Dieser Selbstrückzug Gottes wurde von Luria als Zimzum bezeichnet. Trotz seines Selbstrückzuges ist Gott durchaus auch in seiner Schöpfung präsent, aber doch weit weniger als in seiner eigenen Mitte. Gott ist Alles und Gott ist Eins. Damit ist Gott auch die Einheit von Allem. Doch in der Welt ist die Präsenz Gottes verborgen. So erscheint die Welt als eine Vielfalt, die in unzählige Bruchstücke zersplittert ist. Aber in jedem Bruchstück ist ein Funken der göttlichen Präsenz gefangen. Diese Funken heißen Nizozot. Nach Luria besteht nun die heilige Aufgabe der Menschen darin, die göttlichen Funken zu befreien und die weltlichen Bruchstücke miteinander zu verbinden. Das entsprechende Tun wird als Tikkun olam bezeichnet. Durch dieses Tun soll nach und nach die Einheit Gottes auch in der Welt immer mehr offenbar werden.

Mit seinem achtsamen Tun befreit der Chassid die göttlichen Funken aus den Bruchstücken der Welt – aus den Mineralien und den Geräten, aus den Pflanzen und den Tieren, aus seinen Mitmenschen und auch aus seinen eigenen Gedanken und Gefühlen. Der Chassid pflegt hier sowohl bei seinen religiösen wie auch bei seinen alltäglichen Handlungen einen heiligen Umgang mit den Wesen und den Dingen, mit denen er zu tun hat. Dadurch trägt er zugleich mit dazu bei, die Welt zu heiligen, die Einheit Gottes in der Welt sichtbar werden zu lassen.

Das Beten findet zumeist verbal statt, mit einem Text aus Wörtern, die ausgesprochen oder auch stumm gebetet werden. Der Chassid konzentriert sich hier auf jeden einzelnen Buchstaben dieser Wörter und richtet sie alle zu Gott hin aus, damit sie sich mit ihm vereinigen. So entsteht eine heilige Atmosphäre während des Betens, die allerdings auch auf üble Gedanken anziehend wirkt. Diese steigen nun zunehmend aus dem eigenen Unterbewusstsein des Betenden auf, um erlöst zu werden. Wenn der Betende sich ihrer freundlich annimmt, kann er die göttlichen Funken befreien, die auch in solchen Gedanken verborgen sind.

Eine besondere Art von göttlichen Funken sind die Seelenfunken. In jedem Menschen gibt es tief in seiner Seele einen solchen Funken, nämlich die Neschama. So geht es bei dem Gebet für den Chassid letztendlich vor allem darum, genau diesen Funken aus allen Gedanken herauszulösen, hinter denen er verborgen ist, und zwar sowohl aus den üblen wie auch aus den guten. Wenn der Chassid beim Beten eins wird mit seinem Gebetstext, dann kann er dadurch nach und nach einen höheren Bewusstseinszustand erreichen, nämlich denjenigen Bewusstseinszustand, der seiner Neschama entspricht. Dies ist ein Bewusstseinszustand außerhalb der Zeit und jenseits aller Gedanken – es ist ein Bewusstseinszustand, der erfüllt ist von der Präsenz Gottes.

Taoismus

In China sind zwei verschiedene große Religionen entstanden, die beide gleichermaßen die chinesische Glaubenswelt prägen, nämlich der Taoismus und der Konfuzianismus. Während der Konfuzianismus vor allem die sittliche Lebensführung propagiert, geht es dem Taoismus mehr um die mystische Verwirklichung. Während der chinesischen Geschichte haben sich beide Religionen immer wieder wechselseitig beeinflusst und teilweise auch gegenseitig durchdrungen. Heutzutage werden sie mitunter als zwei Facetten einer übergreifenden Religion betrachtet, die als Chinesischer Universismus bezeichnet wird. In dieser Religion geht es um ein harmonisches Zusammenwirken im Universum, angefangen von jedem einzelnen Menschen über unsere Erde bis hin zum göttlichen Himmel. Der Taoismus beinhaltet hierbei die Mystik dieses Chinesischen Universismus.

Der mystische Weg des Lao-Tse

Lao-Tse lebte vor ungefähr 2500 Jahren in China. Er gilt als Verfasser des Tao-Te-King, eines kleinen Büchleins voller Weisheit. Dieses Büchlein ist die bedeutendste Schrift des Taoismus. Es behandelt in 81 kurzen Abschnitten verschiedene Themen, von der persönlichen Lebensgestaltung und vom mystischen Weg bis zur politischen Staatsführung und zum militärischen Waffengebrauch. Alle verschiedenen Themen des Tao-Te-King hängen miteinander zusammen, doch hier soll vor allem der mystische Weg des Lao-Tse beschrieben werden.

Das Ziel des mystischen Weges von Lao-Tse ist die unmittelbare Erkenntnis des Tao sowie zugleich die innere Einswerdung mit ihm. Unmittelbare Erkenntnis ist eine Erkenntnis, die nicht durch Worte vermittelt wird, sondern durch die innere Einswerdung zustande kommt. Das Tao kann durch Worte sowieso nicht verständlich gemacht werden. Aber ein Schweigen ist ihm auch nicht angemessen, denn es handelt sich dabei um das höchste Absolute.

Als solches ist das Tao das transzendente Eine. Es ist reine Leerheit und zugleich das Potenzial der ›zehntausend Dinge‹, also aller Objekte und aller Wesen der Erscheinungswelt. In ihm sind die Urbilder oder Urideen von all diesen Erscheinungsformen enthalten. Dementsprechend ist das Tao die transzendente Wirklichkeit hinter allen Erscheinungsformen sowie auch deren Ursprung und deren Sosein. Es ist allumfassend und alldurchdringend.

Das Tao ist die Einheit aller Gegensätze und zugleich auch das unaufhörliche Wandlungsgeschehen der Erscheinungswelt. Ganz allgemein strebt dieses Wandlungsgeschehen stets neu zum Gleichgewicht und zur Mitte. Es mag sich jeweils nach einer Weile daraus entfernen, gelangt eventuell sogar in das Extrem einer Polarität, schlägt dann vielleicht überdies noch um in das Gegenteil, aber es findet auf jeden Fall immer wieder zurück zur Mitte und zum Gleichgewicht.

Für den mystischen Weg des Lao-Tse sind beide Aspekte des Wandlungsgeschehens wichtig – innerlich die Mitte und äußerlich die Polaritäten. Es ist ein Weg, auf dem der Praktizierende immer wieder danach strebt, in seine Mitte zu finden, und es ist ein Weg, auf dem er sich stets neu bemüht, alle Polaritäten des äußeren Lebens anzunehmen, wie beispielsweise Scheitern und Erfolg, Krankheit und Gesundheit, Bindung und Verlust.

Den mystischen Weg zu gehen bis hin zur direkten Erkenntnis des Tao ist eine sehr lange Reise. Doch wie Lao-Tse in einem seiner bekanntesten Aussprüche betont, beginnt auch die längste Reise mit dem ersten Schritt. Dieser Ausspruch hat zweierlei Bedeutungen: Einerseits sollte sich der angehende Praktizierende nicht davon entmutigen lassen, dass seine Reise vermutlich sehr lange dauern wird. Stattdessen sollte er einfach zuversichtlich mit dem ersten Schritt beginnen. Andererseits sollte er aber auch mit seiner Reise tatsächlich von dort aus starten, wo er selbst sich gerade befindet. Viele beginnende Praktizierende verlangen zu schnell bereits nach fortgeschrittenen Übungen oder erwarten zu bald schon herausragende Ergebnisse.

Ein wichtiger Aspekt des mystischen Weges von Lao-Tse besteht darin, dass der Praktizierende seine eigenen Begierden und Wünsche reduziert und sich in seinen Bedürfnissen auf das Lebensnotwendige beschränkt. Strebungen nach Reichtum und Wohlstand, Rang und Status, Macht und Ruhm sind vollständig aufzugeben. Ausschweifungen können leicht vom Weg abführen. Auch zu viel Bildung ist eher schädlich, weil sie leicht den Zugang zum Wichtigsten verstellt, nämlich zum Tao im eigenen Inneren. Die Enthaltsamkeit, die Lao-Tse empfiehlt, ist deshalb auch kein Selbstzweck, sondern soll dabei helfen, schließlich im Tao die höchste Erfüllung zu finden.

Der Weg zum Tao ermöglicht die Heimkehr zur Wurzel. Es ist ein Weg zum Ursprung. Dieser Weg führt in das eigene Innere und dort in die eigene Mitte. So ist die Praxis der Meditation für Lao-Tse die wichtigste Übung auf diesem Weg. Hierbei geht es darum, sich mit der eigenen Aufmerksamkeit von den äußeren Sinneseindrücken zurückzuziehen, denn diese können leicht von der inneren Erkenntnis des Tao ablenken. Außerdem geht es hierbei auch darum, den eigenen Geist zur Ruhe kommen zu lassen. Eigene Gedanken und Gefühle können genauso von der inneren Erkenntnis des Tao ablenken wie äußere Sinneseindrücke. Das eigentliche Meditieren ereignet sich, wie Lao-Tse andeutet, letztendlich jenseits hiervon wie davon: „Heimkehr zur Wurzel heißt: Stille."[16]

Das Tao ist nicht nur das höchste und transzendente Absolute hinter der Erscheinungswelt, sondern es ist auch in jedem Menschen anwesend als innerster und transzendenter Kern seiner Existenz. Dieser Kern ist sehr einfach und sehr rein, einfacher und reiner noch als ein unbearbeiteter Holzklotz. Er bildet das eigentliche Wesen des Menschen tief in seinem Inneren. Doch obwohl er das Wichtigste im Menschen ist, besteht dieser Kern, genauso wie auch das Tao insgesamt, aus reiner Leere, einfach aus Nichts. Lao-Tse veranschaulicht diesen Sachverhalt unter anderem durch die Metapher eines Gefäßes aus Ton: „Man formt Ton zu einem Gefäß, doch erst durch das Nichts im Innern kann man es benutzen."[17]

Für die Erreichung des Tao ist ein zielgerichtetes Verhalten jedoch eher hinderlich. Die eigenen Begierden und Wünsche sollten ebenfalls nicht einfach gezielt und gewaltsam unterdrückt werden. Bevor der Praktizierende sein Ich transzendieren kann, muss er es erst einmal stärken. So ist der mystische Weg des Lao-Tse wie der Lauf eines Flusses, der alle Hindernisse geschmeidig umfließt und schließlich ganz natürlich in den Ozean mündet: „Sanftheit und Beweglichkeit vollbringen die Ergebnisse, die Verbissenheit und Starrheit vergeblich zu erreichen suchen."[18]

Wenn der Praktizierende keine Eigeninteressen mehr verfolgt, kann er sein Eigenes erreichen, nämlich den mystischen Kern in seinem Inneren, sein eigentliches Wesen. Allerdings sollte er darauf dann nicht stolz sein und nicht damit prahlen, sondern stattdessen sollte er nun zurückhaltend und genügsam werden oder bleiben.

Auch die Welt lässt sich nach Lao-Tse nicht einfach zielgerichtet verbessern. Dementsprechend rät er bezüglich der äußeren Welt und im Umgang mit anderen Menschen vor allem dazu, möglichst wenig einzugreifen. Lao-Tse vertraut hier sehr auf den natürlichen Wandel des Tao, auf die natürliche Selbstregulation im Menschen und in den Geschehnissen. So sollte sich der Praktizierende in seinem Handeln beschränken auf das notwendige Tun zur rechten Zeit. Dieses rechte Tun wird von Lao-Tse als Wu-wei bezeichnet. Es handelt sich dabei um ein Tun im Nicht-Tun, nämlich um ein Handeln in Übereinstimmung mit dem Tao. Ein solches Handeln fließt im gegebenen Augenblick aus der eigenen Person und aus der jeweiligen Situation, ohne dem natürlichen Geschehen einen Widerstand entgegenzusetzen oder ihm ein Ergebnis aufzuzwingen. Es fließt dabei zugleich auch ohne allzu viele Überlegungen und ohne innere Kritik. Allerdings ist ein solches Handeln, wie Lao-Tse betont, nicht leicht zu erreichen: „Beim Tun im Nicht-Tun verweilen: das verstehen nur sehr wenige."[19]

Durch ein Tun im Nicht-Tun gelangt der Praktizierende äußerlich in Einklang mit dem Tao und durch die Praxis der Meditation strebt er innerlich zur Einswerdung mit dem Tao. Wenn er auf diese und jene Weise den mystischen Weg vollendet hat, führt er daraufhin ein einfaches und bescheidenes Leben. Das Tao, welches er nun verwirklicht hat, zeigt sich bei ihm in einem Verhalten, das von Liebe und Genügsamkeit geprägt ist. Außerdem ist der Vollendete nach Lao-Tse ernsthaft und doch zugleich freudig, vorsichtig und unverbildet, aufrichtig und doch zugleich undurchschaubar. Er hat jegliche Bildung transzendiert und dadurch das transzendente Nicht-Wissen erlangt. Vom Tao erfüllt hat er die höchste Erfüllung gefunden.

Yin und Yang

Yin und Yang sind im Taoismus die beiden Urprinzipien der Wirklichkeit. Durch sie erschuf das Tao und bewirkt es auch weiterhin, wie Lao-Tse betont, die ›zehntausend Dinge‹, nämlich alle Objekte und auch alle Wesen der Erscheinungswelt: „Die zehntausend Dinge verwirklichen sich durch Yin und Yang."[20] Yin ist das weibliche Urprinzip der Ruhe, der Kontraktion, der Kälte und der Dunkelheit sowie des Rückzugs, der Tiefe und der Barmherzigkeit; Yang ist das männliche Urprinzip der Bewegung, der Expansion, der Wärme und der Helligkeit sowie des Vorstoßes, der Höhe und der Gerechtigkeit. Aus der Interaktion dieser beiden Urprinzipien ergeben sich die zehntausend Dinge.

Durch ein immer wieder wechselndes Verhältnis zwischen Yin und Yang steuert das Tao außerdem den Wandel der Erscheinungswelt. Diese verändert sich andauernd dementsprechend, welches von beiden Urprinzipien gerade dominiert. Zwei einfache Beispiele dafür sind der Wandel der Jahreszeiten und der Wechsel der Tageszeiten. Ganz allgemein dominiert hier Yang im Sommer und am Tag, Yin hingegen im Winter und zur Nacht.

Mit dem Tag verbinden wir die Sonne und mit der Nacht den Mond. So ist auch die Sonne ein Symbol für Yang und der Mond ein Symbol für Yin. Andere Symbole für Yin sind der Tiger, das Viereck und das Silber sowie die 2 und alle weiteren geraden Zahlen; andere Symbole für Yang hingegen sind der Drache, der Kreis und das Gold sowie die 3 und alle weiteren ungeraden Zahlen. Außerdem steht die Farbe Rot für Yang und als Himmelsrichtung der Süden; für Yin hingegen steht die Farbe Schwarz und als Himmelsrichtung der Norden.

Für eine genauere Betrachtung der Urprinzipien selbst und ihres Wirkens können die beiden großen Urprinzipien Yin und Yang in mehrere kleinere Urprinzipien ausdifferenziert werden. Eine Ausdifferenzierung von Yin und Yang in acht kleinere Urprinzipien ergibt traditionell folgende Urprinzipien:

- Kien, das Prinzip der schöpferischen Verwirklichung,
- Kun, das Prinzip der hingabevollen Empfänglichkeit,
- Dschen, das Prinzip der energischen Bewegung,
- Kan, das Prinzip der abgründigen Vertiefung,
- Gen, das Prinzip des ausgeglichenen Stillstandes,
- Sun, das Prinzip der sanften Durchdringung,
- Li, das Prinzip der anhaftenden Verbindung,
- Dui, das Prinzip der stärkenden Erhöhung.

Von diesen acht kleineren Urprinzipien besteht Kien nur aus Yang und Kun nur aus Yin. Dschen, Kan und Gen bestehen auf unterschiedliche Weise in der Hauptsache aus Yin und nur zu einem deutlich kleineren Teil aus Yang; Sun, Li und Dui hingegen bestehen auf unterschiedliche Weise in der Hauptsache aus Yang und nur zu einem deutlich kleineren Teil aus Yin.

Alle acht kleineren Urprinzipien werden durch Trigramme symbolisiert, welche die Art ihres Zusammengesetztseins aus den großen

Urprinzipien Yin und Yang widerspiegeln. Diese Symbole bestehen jeweils aus drei übereinander liegenden Linien. Entscheidend ist dabei sowohl die Form der Linie wie auch ihr Platz im Trigramm. Es gibt durchgehende Linien, die für Yang stehen, und unterbrochene Linien, die für Yin stehen. Sie können sich auf dem unteren, dem mittleren oder dem oberen Platz befinden.

In dem Trigramm für Li beispielsweise, dem Prinzip der anhaftenden Verbindung, befindet sich auf dem unteren Platz eine durchgehende Linie, auf dem mittleren eine unterbrochene und auf dem oberen wiederum eine durchgehende. In dem Trigramm für Kan hingegen, dem Prinzip der abgründigen Vertiefung, befindet sich genau umgekehrt auf dem unteren Platz eine unterbrochene Linie, auf dem mittleren eine durchgehende und auf dem oberen wiederum eine unterbrochene. Das Symbol für Kan ist Wasser und das Symbol für Li ist Feuer. Gerade diese beiden Trigramme sind für den Taoismus besonders interessant: Sie symbolisieren Yin, das in Yang wohnt, und Yang, das in Yin wohnt. Beide Urprinzipien, das Weibliche und das Männliche, das Helle und das Dunkle, sind gleichwertig. Keines von ihnen kann ohne das andere existieren.

Feuer und Wasser sind aber nicht nur die Symbole für Li und Kan, sondern auch Bezeichnungen für zwei der fünf Elemente. Neben der Ausdifferenzierung von Yin und Yang in die acht kleineren Urprinzipien von Kien über Li und Kan zu Kun gibt es nämlich noch eine weitere Ausdifferenzierung von Yin und Yang in lediglich fünf kleinere Urprinzipien. Bei diesen fünf Urprinzipien handelt es sich um die fünf Elemente oder fünf Wandlungsphasen. Sie werden als Metall, Erde, Wasser, Feuer und Holz bezeichnet. Metall ist das Urprinzip der Formbarkeit und Erde dasjenige der Fruchtbarkeit, Feuer ist das Urprinzip des Aufstiegs und Wasser dasjenige des Abstiegs, Holz schließlich ist das Urprinzip der Biegsamkeit. Metall besteht fast nur aus Yang, Erde fast nur aus Yin, Feuer größtenteils aus Yang, Wasser größtenteils aus Yin und Erde ausgeglichen aus Yin und Yang.

Metall besteht sehr viel mehr aus Yang als Feuer und Erde sehr viel mehr aus Yin als Wasser. Trotzdem werden typische Symbole von Yin und Yang speziell dem Feuer und dem Wasser zugeordnet. So gehört zum Feuer genauso wie zum Yang die Wärme und als Farbe Rot, zum Wasser hingegen gehört genauso wie zum Yin die Kälte und als Farbe Schwarz. Zum Metall hingegen gehört die Trockenheit und als Farbe Weiß, zum Holz der Wind und die Farbe Blaugrün, zur Erde schließlich gehört die Feuchtigkeit und als Farbe Gelb. Weitere Zuordnungen bestehen bezüglich der Gefühle und der Tugenden: Hier gehören zum Metall die Traurigkeit und die Aufrichtigkeit, zum Feuer die Freude und die Anständigkeit, zum Holz die Wut und die Güte, zum Wasser die Angst und die Weisheit sowie zur Erde die Sorge und die Zuversicht.

Für die fünf Elemente als Urprinzipien gibt es ein genau festgelegtes Schema von Wechselwirkungen zwischen ihnen. Es besteht aus einem Fünfeck, in dem die fünf Elemente in einem genau festgelegten Zyklus angeordnet sind. Jedes Element wirkt dabei auf das nächste stimulierend und auf das übernächste hemmend. So wirkt Holz stimulierend auf Feuer und hemmend auf Erde, Feuer wirkt stimulierend auf Erde und hemmend auf Metall, Erde wirkt stimulierend auf Metall und hemmend auf Wasser, Metall wirkt stimulierend auf Wasser und hemmend auf Holz, Wasser wirkt stimulierend auf Holz und hemmend auf Feuer. Die Abbildung 4 auf der nächsten Seite veranschaulicht diese Wechselwirkungen zwischen den fünf Urprinzipien grafisch.

Angewandt wird dieses Schema vor allem in der chinesischen Medizin und in der chinesischen Ernährungslehre. Dafür sind den fünf Elementen beispielsweise die menschlichen Organe und fünf Geschmacksrichtungen zugeordnet. Hier gehören zum Holz die Leber und der saure Geschmack, zum Feuer das Herz und der bittere Geschmack, zur Erde die Milz und der süße Geschmack, zum Metall die Lunge und der scharfe Geschmack, sowie zum Wasser die Nieren und der salzige Geschmack.

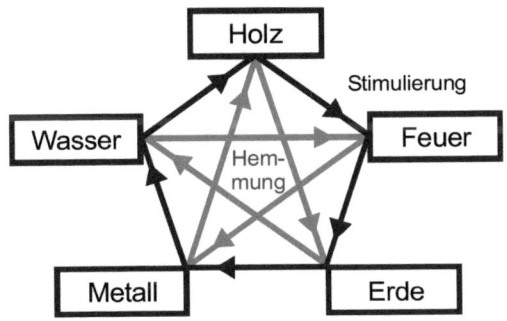

Abbildung 4: Die fünf Elemente und ihre Wechselwirkungen

Die fünf Elemente sind zugleich auch fünf Wandlungsphasen. Als solche werden sie besonders deutlich in der Zuordnung der Jahreszeiten. Hier gehört zum Holz der Frühling, zum Feuer der Sommer, zur Erde der Spätsommer, zum Metall der Herbst und zum Wasser der Winter. Im Zyklus des in Abbildung 4 dargestellten Wandlungsschemas stimuliert jedes Element oder Urprinzip das nächstfolgende, und so geht im Laufe eines Jahres immer wieder eine Jahreszeit aus der anderen hervor: Der Frühling wandelt sich zum Sommer, jener wird zum Spätsommer, dann wird es Herbst und Winter und daraufhin erneut Frühling.

Das I Ging

Das Tao bewirkt einen unaufhörlichen Wandel in der Erscheinungswelt – und zwar mithilfe der beiden Urprinzipien Yin und Yang. Diese verursachen den Wandel dadurch, dass sie zu jeder Zeit immer wieder in einem anderen Verhältnis zueinander stehen. Das Verhältnis von Yin und Yang zueinander wandelt sich also ständig und dadurch verwandelt sich auch die Erscheinungswelt unaufhörlich. Außerdem hat dadurch jede Zeit ihre eigene Qualität, die sich jeweils aus dem gerade aktuellen Verhältnis von Yin und Yang zueinander ergibt. Durch diese Zeitqualität spiegelt sich das momentane Verhältnis von Yin und Yang in allen sich gerade ereignenden Geschehnissen der Erscheinungswelt wider. Es können sich in der Erscheinungswelt immer nur solche Geschehnisse ereignen, die der gerade vorherrschenden Zeitqualität entsprechen. Allerdings ist diese Qualität nicht nur für die jeweilige Zeit spezifisch, sondern auch für die Situation, in der sich etwa ein Mensch gerade befindet. So ist jene Qualität für zwei verschiedene Menschen zur gleichen Zeit oftmals durchaus unterschiedlich.

Das I Ging ist nun ein altes chinesisches Orakelbuch, mit dem man für die eigene Situation die aktuell vorliegende Zeitqualität ermitteln kann, sowie häufig auch die alsbald sich daraus ergebende. In jenem Buch werden vierundsechzig unterschiedliche Zeitqualitäten charakterisiert. Außerdem enthält es für jede dieser vierundsechzig Zeitqualitäten einen Text mit Ratschlägen dahingehend, wie man sich verhalten sollte, wenn man sich im Einklang mit der gerade aktuellen Zeitqualität verhalten will – und dadurch letztendlich im Einklang mit dem Tao. Handeln im Einklang mit dem Tao verheißt Glück und Erfolg, solches im Missklang zum Tao hingegen Scheitern und Leid.

Gearbeitet wird im I Ging mit den acht kleineren Urprinzipien, die sich durch Ausdifferenzierung aus den beiden großen Urprinzipien Yin und Yang ergeben. Bei diesen acht kleineren Urprinzipien handelt es sich um Kien, das Prinzip der schöpferischen Verwirklichung, Kun, das Prinzip der hingabevollen Empfänglichkeit, Dschen, das Prinzip der energischen Bewegung, Kan, das Prinzip der abgründigen Vertiefung, Gen, das Prinzip des ausgeglichenen Stillstandes, Sun, das Prinzip der sanften Durchdringung, Li, das Prinzip der anhaftenden Verbindung, und Dui, das Prinzip der stärkenden Erhöhung. Mithilfe eines genau festgelegten Rituals wird ermittelt, welche zwei von diesen acht Urprinzipien zu der jeweiligen Zeit gerade bezüglich der Situation, um die es geht, dominieren und jene damit entscheidend prägen. Außerdem besagt das Ergebnis des Rituals, wie die beiden dominierenden Urprinzipien hier gerade zueinander stehen. Manchmal dominiert auch ein einziges Urprinzip sehr stark und ist damit zu der jeweiligen Zeit bezüglich der betreffenden Situation quasi doppelt wirksam.

Jedes der acht kleineren Urprinzipien wird durch ein Trigramm symbolisiert, das aus drei Linien besteht, die durchgehend oder unterbrochen sein können und die übereinander angeordnet sind. Die beiden Urprinzipien, die zu einer bestimmten Zeit gerade dominieren, ergeben zusammen ein Hexagramm, das aus sechs Linien besteht – und aus einem zu einer bestimmten Zeit gerade stark dominierenden Urprinzip kann, indem es doppelt genommen wird, ebenfalls ein solches Hexagramm gebildet werden. Insgesamt gibt es vierundsechzig verschiedene solcher Hexagramme. Jedes von ihnen besteht aus sechs Linien übereinander. Diese vierundsechzig Hexagramme symbolisieren die vierundsechzig Zeitqualitäten, von denen das I Ging handelt. Im I Ging werden somit alle Wandlungsmöglichkeiten der Erscheinungswelt in vierundsechzig Zeitqualitäten kategorisiert und diese wiederum werden durch die vierundsechzig Hexagramme symbolisiert.

Das Ritual, mit dem die jeweils gültige Zeitqualität beim I Ging ermittelt wird, beinhaltet das Ziehen von Schafgarbenstängeln oder das Werfen von Münzen. Die zuerst genannte Vorgehensweise ist die kompliziertere und die daraufhin genannte wohl die gebräuchlichere. Hierbei werden drei Münzen sechs Mal geworfen, um die sechs Linien jenes Hexagramms zu ermitteln, welches die gerade aktuelle Zeitqualität symbolisiert. Verwendet werden dazu Münzen, die auf der einen Seite eine Zahl haben und auf der anderen ein Bild, wie etwa einen Kopf oder ein Tier. Die Zahl erhält im I Ging-Orakel den Wert 2 und steht für Yin, das Bild hat den Wert 3 und steht für Yang. Drei Münzen gemeinsam geworfen ergeben damit als Resultat entweder 6, 7, 8 oder 9. In der Deutung ist 6 das sogenannte alte

Yin, 7 das junge Yang, 8 das junge Yin und 9 das alte Yang. Die Yin-Werte werden durch eine unterbrochene Linie dargestellt und die Yang-Werte mithilfe einer durchgehenden. Sechsmaliges Münzenwerfen ergibt die sechs Linien des gerade aktuellen Hexagramms. Aufgebaut wird das Hexagramm jeweils von unten her. Die erste Linie, die ermittelt wird, bildet den Anfang, und alle weiteren kommen danach auf die darüber liegenden Plätze.

Wenn die Urprinzipien in ihrem aktuellen Wirken noch jung sind, dann werden sie auch noch eine Weile stabil bleiben, wenn sie hingegen schon alt sind, steht bei ihnen alsbald ein Wandel bevor. Aus der unterbrochenen Linie eines alten Yin wird alsbald eine durchgehende Linie und damit ein Yang; aus der durchgehenden Linie eines alten Yang wird alsbald eine unterbrochene Linie und damit ein Yin. Aus allen bevorstehenden Wandlungen, die ein Hexagramm durch alte Urprinzipien andeutet, insofern solche in ihm vorliegen, lässt sich dann insgesamt noch ein zweites Hexagramm ermitteln, welches jene Zeitqualität symbolisiert, die alsbald aktuell sein wird.

Jedes fertige Hexagramm besteht also praktisch aus zwei Trigrammen, und zwar aus zwei von solchen, die für die acht kleineren Urprinzipien stehen, also etwa für Kun, das Prinzip der hingabevollen Empfänglichkeit, oder für Dui, das Prinzip der stärkenden Erhöhung.

Ermittelt werden die Hexagramme beim I Ging, um daraus auf die jeweils vorherrschende Zeitqualität zu schließen, welche sich aus dem momentanen Wirken von Yin und Yang gerade ergibt. Das sich ständig wandelnde Verhältnis von Yin und Yang zueinander kann recht genau erfasst werden, in dem man die beiden gerade dominierenden von den acht kleineren Urprinzipien ermittelt. Um welche von ihnen es sich jeweils handelt, das spiegelt sich in allen Geschehnissen wider, die sich in der Erscheinungswelt gerade ereignen – und damit auch beispielsweise in dem Ergebnis, welches aus dem mehrmaligen Werfen von drei Münzen resultiert. Das genau festgelegte Werfen der Münzen und die vorgeschriebene Auswertung des Ergebnisses bilden die Vorgehensweise, mit der die gerade dominierenden Urprinzipien festgestellt werden können. Aus diesen wiederum ergibt sich die momentan vorherrschende Zeitqualität. Außerdem sagt das Ergebnis des Münzwurf-Rituals auch etwas darüber aus, ob sich jene Zeitqualität alsbald deutlich wandelt, und wenn ja, welche neue Zeitqualität dann daraus erwächst.

So mögen beispielsweise zu einer bestimmten Zeit Kien und Kun dominieren, also das Urprinzip der schöpferischen Verwirklichung und dasjenige der hingabevollen Empfänglichkeit. Vielleicht stehen diese beiden Urprinzipien zu jener Zeit in einem harmonischen Verhältnis zueinander. Hierbei handelt es sich dann um eine Zeit mit der Qualität des Friedens. In einer solchen Zeit ist es leicht, die eigenen Unternehmungen zum Erfolg zu führen. Ganz anders ist es, wenn jene beiden Urprinzipien zwar dominieren, aber zwischen ihnen ein spannungsvolles Verhältnis besteht. Unter diesen Bedingungen ergibt sich eine Zeit der Stockung. Das I Ging rät in einer solchen Zeit, sich zurückzuziehen, ohne sich jedoch in den eigenen Grundsätzen beirren zu lassen.

Manchmal dominiert auch nur ein einziges Urprinzip sehr stark und wird dann doppelt wirksam. Wenn es sich hierbei etwa um Kan handelt, das Urprinzip der abgründigen Vertiefung, dann deutet dies hin auf eine sehr schwierige Zeit voller Gefahren. In einer solchen Zeit rät das I Ging, sich auf die eigene innere Stärke zu besinnen und wahrhaftig zu sein. Die Qualität der Zeit bleibt jedoch nicht gleich, sondern sie wandelt sich früher oder später. So mag aus der schwierigen Zeit, in der Kan alleine dominiert, mitunter alsbald schon eine Zeit werden, in der zu diesem Urprinzip etwa Kun als zweites hinzukommt und mit ihm in ein harmonisches Verhältnis tritt. Eine solche Zeit hat die Qualität des Zusammenhalts. In ihr ist es dann einfach, Verbündete zu finden, mit denen man gemeinsam die bestehenden Schwierigkeiten und Gefahren bewältigen kann.

Oft wenden sich Menschen in schwierigen Lebenslagen an das I Ging, um von ihm Ratschläge für ihre Probleme zu bekommen. Auch die aktuellen Probleme eines Menschen entsprechen jeweils der gerade vorherrschenden Zeitqualität. Durch das Ritual des I Ging wird genau diese Zeitqualität ermittelt. So findet der Ratsuchende hier schließlich denjenigen Text, der zu seinem Problem am besten passt.

Tai Chi

Das Tai Chi oder Tai Chi Chuan ist die bekannteste Meditationsmethode des Taoismus. Es handelt sich dabei um eine Meditation in Bewegung. Sie besteht aus einer genau festgelegten Folge von Bewegungsabläufen, die langsam und geschmeidig durchgeführt werden und die fließend ineinander übergehen. Ursprünglich wurde das Tai Chi von taoistischen Mönchen als Kampfkunst entwickelt. Heutzutage gibt es viele verschiedene Formen oder Stile des Tai Chi, die jeweils unterschiedliche Bewegungsfolgen beinhalten. Manche dieser Formen dauern knapp zehn Minuten, andere über zwanzig.

Die Ausgangsposition für jede Bewegungsfolge des Tai Chi ist eine aufrecht stehende Haltung, bei der die Arme locker rechts und links neben dem Rumpf herunterhängen. In dieser Haltung entspannt sich der Praktizierende zunächst und spürt durch seine Beine und Füße hindurch die Verbindung zur Erde. Daraufhin mag er seine Arme und Hände langsam heben, bis sie beinahe die Höhe der Schultern erreicht haben, und sie dann wieder sinken lassen. In weiteren Bewegungen des Tai Chi schreitet der Praktizierende vielleicht ruhig vorwärts, bewegt sich fließend seitwärts oder weicht gemächlich zurück und führt dabei seine Arme etwa kreisförmig von seinem Rumpf fort und wieder zu ihm hin. Manchmal dreht er sich auch fast ganz um sich selbst oder er beugt sich mit dem gesamten Rumpf nach vorne. Meistens jedoch wird der Rumpf beim Tai Chi aufrecht gehalten, während die Beine hier bei allen Bewegungen in den Knien leicht gebeugt sind. Die Hände werden bei vielen Bewegungen weich und waagerecht gehalten, während mancher Bewegungen wird eine Hand aber auch beispielsweise nach unten hin zu einem Haken gebeugt, bei dem sich dann Daumen, Zeigefinger und Mittelfinger leicht berühren, oder beide Hände werden etwa in Schulterhöhe aufrecht langsam nach vorne gestoßen. Von den Füßen ruht bei einigen Stellungen innerhalb der Bewegungen der vordere manchmal nur mit der Ferse oder mit den Zehen auf dem Boden, während das Körpergewicht derweil hauptsächlich von dem hinteren Fuß getragen wird. Insgesamt wird das Gewicht bei den Bewegungen des Tai Chi fortwährend von einem Fuß auf den anderen verlagert.

Die Atmung ist beim Tai Chi mit den Bewegungen verbunden. So atmet der Praktizierende hier beispielsweise ein, während er seine Arme hebt oder mit einem Fuß zurückweicht, und aus, wenn er seine Arme senkt oder vorwärts geht. Die Dauer des Einatmens oder der Ausatmung entspricht dabei immer der Länge der jeweiligen Bewegung. Insgesamt erfolgt das Atmen jedoch langsam und stetig.

Bei der Meditation des Tai Chi schafft derjenige, der sie ausführt, in sich immer wieder einen Ausgleich zwischen Yin und Yang, zwischen Stärke und Sanftheit, Leichtigkeit und Ernsthaftigkeit, Bewegung und Ruhe. Er sollte dabei körperlich entspannt sein und zugleich geistig konzentriert. Geistiger und körperlicher Ankerpunkt ist beim Tai Chi das sogenannte untere Tan Tien, das Körperzentrum im Bauch-Becken-Raum. Dementsprechend ist auch die psychosomatische Erdung besonders wichtig im Tai Chi. Sich zu erden bedeutet, die Energie im Bauch-Becken-Raum zu zentrieren und sie gleichzeitig durch die Beine und die Füße hindurch mit dem Boden zu verwurzeln. Dadurch kann der Oberkörper leicht und frei sein – und der Geist ebenfalls.

Der Atem wird beim Tai Chi in das untere Tan Tien gelenkt und alle Bewegungen werden von dort her ausgeführt. Die richtige Atemweise ist hier dementsprechend die Bauchatmung. Sämtliche Bewegungen sollten von der Taille aus beginnen. Außerdem ist deren Koordination wichtig. Oberkörper und Unterkörper sollten sich in Harmonie miteinander bewegen. Darüber hinaus geht es beim Tai Chi aber auch um die Harmonie von Atem, Körper und Geist.

Der Kopf sollte während der Bewegungen des Tai Chi aufrecht gehalten werden und die Wirbelsäule gerade. Das Gesicht sollte weich und entspannt sein. Mit seinen Augen und seiner Aufmerksamkeit folgt der Praktizierende jeweils den Bewegungen, die er gerade ausführt. Die Schultern sollten locker sein, die Brust etwas eingesunken und die Taille sowie die Hüften sollten ebenfalls locker sein. So ist körperliche Entspanntheit einerseits hilfreich, wenn der Praktizierende mit der Bewegungsfolge beginnen will. Andererseits verhilft ihm die Durchführung der Bewegungsfolge aber auch noch zu weiterer körperlicher Entspanntheit.

Die Bewegungsfolge des Tai Chi fördert den Fluss des Chi durch den Körper. Bei diesem Chi handelt es sich um eine feinstoffliche Energie, die im Menschen als Lebensenergie wirkt. Sie fließt entlang feinstofflichen Adern, den sogenannten Meridianen, durch seinen Körper. Die Chi-Energie gelangt dabei zu den großen inneren Organen, dem Herz, der Lunge, der Leber, der Milz und den Nieren. Je besser das Chi durch den Körper fließt, desto wohltuender wirkt es auf die Gesundheit des jeweiligen Menschen.

Der tiefere Sinn des Tai Chi besteht jedoch in seiner Ausführung als Meditation. Bevor man allerdings das Tai Chi tatsächlich als Meditation praktizieren kann, muss man erst einmal die festgelegte Bewegungsfolge erlernt haben. Erst wenn man nicht mehr ständig darüber nachzudenken braucht, wie man die einzelnen Bewegungen richtig durchführt, ist man in seinem Geist frei dafür, während der Bewegungen zu meditieren. Die Meditation besteht beim Tai Chi darin, die Bewegungen mit Achtsamkeit entspannt und ernsthaft durchzuführen und dabei zugleich den eigenen Körper zu spüren, insbesondere das untere Tan Tien sowie die momentanen Bewegungen und den jeweiligen Kontakt der Füße mit dem Boden. Nachdenken ist kein Bestandteil dieser Meditation, weder das Nachdenken über Details des Bewegungsablaufes noch das Nachdenken über irgendwelche anderen Themen wie etwa berufliche Probleme oder persönliche Sorgen und auch nicht das Nachdenken über spirituelle Inhalte.

Wenn der Praktizierende das Tai Chi als Meditation beherrscht, dann vollführt er die Bewegungen nahezu automatisch aus seiner Erinnerung heraus und doch zugleich sehr wach mit voller Aufmerksamkeit – ohne sie von seinem Ich her mit gedanklichen Anweisungen zu dirigieren oder mit kritischen Kommentaren zu begleiten. Er transzendiert mit seinem Geist sein Ich und geht mit ihm auf in seinem Tun und in seinem Erleben. So wird er eins mit seinen Bewegungen, die aus seinem unteren Tan Tien fließen. Ohne seine Zentriertheit im Bauch-Becken-Raum zu verlieren, nimmt er zugleich eher passiv, aber doch mit Achtsamkeit wahr, was es im Hier und Jetzt der jeweiligen Situation zu sehen oder zu hören und in seinem Körper zu spüren gibt.

Auf diese Weise findet der Praktizierende beim Tai Chi die Stille des Geistes gleichsam in den Bewegungen seines Körpers. Die langsamen, fließenden Bewegungen helfen ihm behutsam dabei, auch von seinem Geist her mit diesen Bewegungen zu fließen. So gelangt er durch die Bewegungsmeditation des Tai Chi immer häufiger in einen meditativen Zustand des Flow-Bewusstseins. In diesem Flow-Zustand mag er sich dann früher oder später öffnen für einen noch höheren Bewusstseinszustand, der im Taoismus als Yuan-Shen bezeichnet wird. Dabei handelt es sich um das spirituelle Bewusstsein.

Zusätzlich zu dem unteren Tan Tien, dem Körperzentrum im Bauch-Becken-Raum, gibt es noch zwei weitere, nämlich das mittlere und das obere Tan Tien. Das mittlere Tan Tien ist das Gefühlszentrum des Menschen. Es befindet sich im Brustbereich. Das obere Tan Tien verkörpert zunächst einmal den Verstand. Es ist das Denkzentrum des Menschen und befindet sich in seinem Kopf. Die Meditation des Tai Chi spricht alle drei Zentren an. Für das untere Tan Tien gilt es hier vor allem, dass der Praktizierende sich in ihm verankert und dass er alle seine Bewegungen aus ihm heraus hervorgehen lässt. Bei dem mittleren Tan Tien geht es darum, dort eine Güte und eine Gelassenheit zu etablieren, die unabhängig von den gewöhnlichen Gefühlen sind. Für das oberen Tan Tien besteht die meditative Entwicklung darin, dieses für höhere Bewusstseinszustände zu öffnen, die sich jenseits des Denkens befinden – so insbesondere für das Yuan-Shen.

Physik

Die Physik befasst sich mit dem niedrigsten Level innerhalb der Erscheinungswelt, nämlich mit der reinen Materie. Die Mystik hingegen zielt auf die höchste Ebene jenseits der Erscheinungswelt, nämlich auf die reine Transzendenz. Trotzdem gibt es vonseiten der Physik neuerdings eine starke Annäherung an die Mystik: Die Mystik lehrt seit alters her das spirituelle Einssein des Menschen mit der höchsten Transzendenz; die moderne Physik hat zumindest das subatomare Einssein des Menschen mit dem materiellen Universum erkannt. Doch die Erkenntnisse der Physik bleiben intellektuell und theoretisch, es sei denn, man baut Maschinen damit. In der Mystik hingegen geht es um unmittelbare und existenzielle Erfahrungen des jeweiligen Menschen selbst. Trotzdem können die modernen Erkenntnisse der Physik einen neuen Zugang zur Mystik eröffnen.

Zeit und Raum

Zeit ist die Dimension der Dauer und der Abfolge von Veränderungen und Ereignissen. Raum besteht aus den drei Dimensionen der Ausdehnung und der Verteiltheit von Energie und Materie. Alles, was wir sehen und berühren können, besteht aus Materie. Diese wiederum befindet sich stets an einem bestimmten Ort, sie benötigt Platz. Dadurch gibt es auch Raum. Außerdem ist sie Veränderungen unterworfen. Dadurch gibt es auch Zeit. Beim Raum geht es um Orte und deren Entfernungen, bei der Zeit um Veränderungen und deren Abfolgen.

Die Formulierung, dass die Zeit fließt, ist eine Metapher dafür, dass sich fortwährend Veränderungen ereignen. Gemessen werden diese Veränderungen mit Uhren. Die Uhr gibt das quantitative Voranschreiten einer gleichmäßigen Veränderung wieder. Solch eine Veränderung ist beispielsweise die immer wiederkehrende Abfolge von Sonnenaufgang und Sonnenuntergang. Sie beschreibt, vom Morgen über den Abend bis zum nächsten Morgen einen Tag, der auf einer Uhr zwei mal zwölf oder vierundzwanzig Stunden umfasst.

Der Raum hat drei Dimensionen, nämlich Länge, Breite und Höhe. Die Dimension der Zeit erstreckt sich von der Vergangenheit in die Zukunft. Bei den Dimensionen des Raumes können wir uns in verschiedene Richtungen frei bewegen, nach rechts oder nach links, nach vorne oder nach hinten und nach oben oder nach unten. Bei der Zeit ist unsere Bewegungsrichtung festgelegt. Hier bewegen wir uns immer aus der Vergangenheit kommend in die Zukunft hinein. Außerdem können wir uns im Raum mit unterschiedlicher Geschwindigkeit bewegen. In der Zeit schreiten wir stets so schnell oder langsam voran, wie diese selbst nun einmal fließt oder vergeht.

Die festgelegte Richtung der Zeit wird auch als Zeitpfeil bezeichnet. Sie hängt zusammen mit der Geordnetheit des Universums. Diese wird nämlich mit der Zeit immer weniger. Die Ordnung im Universum insgesamt nimmt mit der Zeit stets ab und die Unordnung nimmt hier entsprechend zu. Der Fachausdruck für diese Unordnung lautet Entropie. Sie zeigt sich beispielsweise in jedem Haus und in jeder Wohnung: Die Unordnung wird dort von alleine immer mehr. Wenn man dieser Tendenz zur Entropie entgegenwirken will, muss man aktiv Ordnung schaffen, etwa durch Aufräumen.

Das klassische Beispiel für den Zeitpfeil ist eine Vase, die vom Tisch fällt. Sobald sie auf dem Boden ankommt, zerspringt sie in viele Scherben. Ein solcher Vorgang ist schon oft beobachtet worden. Nie beobachtet wurde hingegen der umgekehrte Vorgang, nämlich dass sich viele Scherben von alleine zu einer richtigen Vase zusammenfügen und diese dann auch noch selbst auf einen Tisch springt. Der Zeitpfeil geht also, zumindest im Großen und Ganzen, immer in die gleiche Richtung, nämlich von heilen zu zerbrochenen Vasen, von Ordnung zu Unordnung.

Raum und Zeit sind aber nicht nur verschiedene Dimensionen, sondern es gibt hier auch unterschiedliche Größenordnungen. Wichtig sind hier vor allem drei Größenordnungen, nämlich erstens diejenige der Berge und der Seen, zweitens diejenige der Atome und der Elementarteilchen, sowie drittens diejenige der Galaxien und der Lichtgeschwindigkeit. Die erste Größenordnung ist diejenige der Alltagswelt, wie sie uns allen vertraut ist. Die zweite Größenordnung wird von der Quantenphysik erforscht und die dritte wird durch die Relativitätstheorie beschrieben. Zu den wichtigsten Begründern der Quantenphysik gehören Niels Bohr, Wolfgang Pauli, Werner Heisenberg, Erwin Schrödinger und Paul Dirac. Die Relativitätstheorie wurde von Albert Einstein quasi im Alleingang entwickelt.

In den verschiedenen Größenordnungen zeigen sich Raum und Zeit jeweils unterschiedlich. In der Größenordnung unserer Alltagswelt erscheinen Raum und Zeit als absolute und von einander unabhängige Dimensionen. Sie bilden scheinbar einfach nur den Rahmen, in dem das Weltgeschehen stattfindet und der selbst davon unbeeinflusst bleibt. Alle Richtungen im Raum sind eindeutig festgelegt, alle Orte darin lassen sich genau bestimmen, der Fluss der Zeit fließt ebenfalls stets in die vertraute Richtung.

In der Größenordnung der Quantenphysik hingegen zeigen sich Raum und Zeit ganz anders. Dort erweisen sie sich wie ein Schaum, in dem Orte und Abfolgen ziemlich unbestimmt sind und sich nur unscharf erfassen lassen. So kann in dieser Größenordnung rechts manchmal links sein, vorne manchmal hinten, oben manchmal unten, und vorher manchmal nachher. Erst mit zunehmender Größenordnung, zu derjenigen unserer Alltagswelt hin, werden die Verhältnisse von Raum und Zeit eindeutiger.

Die eigentlichen Verhältnisse von Raum und Zeit offenbaren sich aber erst in der Größenordnung der Relativitätstheorie. Hier zeigt sich, dass Raum und Zeit keineswegs absolut sind und dass sie auch keineswegs einfach nur einen Rahmen für das Weltgeschehen bilden, der von jenem unbeeinflusst bleibt. Stattdessen bilden sie untereinander eine gemeinsame Einheit, die Raum-Zeit, und sie werden auch durchaus verändert, nämlich von Materiemassen und durch Geschwindigkeiten. So ist die Raum-Zeit relativ, nämlich relativ zu Masse und Geschwindigkeit, und sie ist damit zugleich verwoben mit dem gesamten Universum.

Materie beeinflusst den sie umgebenden Raum, indem sie ihn kraft ihrer Masse krümmt. Die entsprechende Kraft ist die Schwerkraft oder Gravitationskraft. Der genannte Effekt wird jedoch nur bei sehr schweren Objekten deutlich, wie etwa bei der Erde oder bei der Sonne. Hier ist er jedoch sogar messbar. So bewegt sich etwa Licht, das von fernen Sternen kommt, stets gradlinig durch den Raum. Wenn solche Lichtstrahlen aber nahe an unserer Sonne vorbeikommen, dann werden sie geringfügig einwärts gebogen – weil der Raum um die Sonne durch ihre Masse gekrümmt ist und weil in einem gekrümmten Raum eine gerade Linie zwangsläufig eine gebogene ist.

Durch sehr hohe Geschwindigkeiten wird der Raum gestaucht. Dieser Effekt macht sich vor allem bei solchen Geschwindigkeiten bemerkbar, die nahe der Lichtgeschwindigkeit liegen. Das Licht bewegt sie durch den luftleeren Raum mit einer Geschwindigkeit von rund 300.000 km pro Sekunde. Dies ist die höchstmögliche Geschwindigkeit in unserem Universum. Wenn ein Raumschiff sich mit beinahe Lichtgeschwindigkeit fortbewegen könnte, dann würde der Raum, den es auf seiner Reise zu einem fernen Planeten durchqueren würde, für dieses Raumschiff deutlich schrumpfen.

Die Zeit wird durch die Masse von sehr schweren Objekten, wie der Erde oder der Sonne, gedehnt. So geht sie auf der Oberfläche unserer Erde zwar nur minimal, aber durchaus messbar langsamer, als in den Satelliten, die im Weltraum um unsere Erde kreisen – weit draußen, wo die Schwerkraft der Erde sehr viel weniger stark wirkt, als direkt auf der Erdoberfläche. Bei den GPS-Satelliten, die unsere Navigationssysteme steuern, muss dieser Effekt der Zeitdehnung mit eingerechnet werden, damit sie trotzdem exakte Ortsangaben liefern.

Durch sehr hohe Geschwindigkeiten wird die Zeit ebenfalls gedehnt. Betrachten wir dazu theoretisch eine Gruppe von Astronauten, die mit einem Raumschiff, welches mit nahezu Lichtgeschwindigkeit fliegt, von der Erde zu einem fernen Planeten und wieder zurück reist. Hier würden die Astronauten während ihrer Reise viel weniger altern, als die Menschen auf der Erde – und wären damit bei ihrer Rückkehr deutlich jünger als ihre ehemaligen Altersgenossen.

Die Dehnung oder Verlangsamung der Zeit und die Stauchung oder Verkürzung des Raumes, welche sich bei sehr hohen Geschwindigkeiten ergeben, sind nun nicht zwei unterschiedliche Effekte, von denen einer die Zeit betrifft und der andere den Raum, sondern es handelt sich hierbei um einen einzigen Effekt, der die Raum-Zeit als Einheit betrifft. Während der Raum kürzer wird, wird die Zeit zugleich langsamer. Das Gleiche gilt entsprechend auch für die Krümmung des Raumes und die Dehnung der Zeit, welche durch die Masse von sehr schweren Objekten bewirkt werden.

Weil Zeit relativ ist zu Masse und Geschwindigkeit, hat physikalisch jedes Objekt und auch jedes Individuum im Universum seine eigene Zeit, die auch als Eigenzeit bezeichnet wird. Die Eigenzeit hier auf der Erde ist praktisch für alle Menschen die gleiche – doch für Astronauten, die sich in einem Raumschiff mit beinahe Lichtgeschwindigkeit fortbewegen würden, wäre sie eine langsamere.

Photonen, die Teilchen des Lichts, bewegen sich exakt mit Lichtgeschwindigkeit durch den luftleeren Raum. Deshalb ist ihre Eigenzeit gleich null. Die Zeit steht für sie still. Auch der Raum schrumpft für sie zu nichts zusammen. Somit sind die Photonen immer schon sofort dort, wo sie sich hinbewegen.

Energie und Materie

Energie ist die treibende Kraft, welche Veränderungen bewirkt. Sie existiert in verschiedenen Formen, etwa als mechanische, chemische oder elektrische Energie sowie als Wärmeenergie, Lichtenergie oder Kernenergie. Zur mechanischen Energie gehört die kinetische Energie, die etwa ein Stein hat, der einen Abhang hinunterrollt. So lange der Stein noch auf dem Abhang lag, war jene Energie von ihm potenzielle Energie. Eine gespannte Feder hat elastische Energie. Durch die Stromleitungen fließt elektrische Energie. Wärmeenergie hat ein Gegenstand um so mehr, je höher seine Temperatur ist. Chemische Energie ist in Molekülen gespeichert, beispielsweise in denjenigen des Erdöls oder des Zuckers. Die Atomkerne verfügen über Kernenergie und das Licht beinhaltet ebenfalls Energie.

Die Gesamtmenge an Energie im Universum kann weder vermehrt noch verringert werden. Es lassen sich lediglich verschiedene Formen von Energie ineinander umwandeln. So verwandeln die Pflanzen bei der Fotosynthese etwa Lichtenergie in chemische Energie. Eine elektrische Heizung verwandelt Strom in Wärmeenergie. Wenn wir uns bewegen, verwandelt unser Körper chemische Energie in mechanische.

Es gibt jedoch bezüglich der Energieformen und ihrer Umwandlung zwei Besonderheiten: Erstens sind nicht alle Energiearten gleichwertig. Wärme ist eine ungeordnete Energie und alle anderen Energiearten sind geordnetere Formen von Energie. Zweitens wird bei jeder Energieumwandlung stets zumindest einiges der Energiemenge in Wärmeenergie umgewandelt. Dadurch nimmt die Wärmeenergie im Universum immer mehr zu – und damit auch die Unordnung beziehungsweise die Entropie.

Materie ist gleichsam verstofflichte Energie. Gewöhnliche Materie gibt es in vier verschiedenen Aggregatzuständen, nämlich fest und flüssig sowie als Gas und als Plasma. Eisen ist fest, Wasser ist flüssig, Sauerstoff ist gasförmig und die Materie der Sonne ist plasmaförmig. Aufgebaut ist sämtliche Materie aus sogenannten Elementarteilchen. Gewöhnliche Materie besteht dabei zunächst einmal entweder aus Atomen oder aber aus Molekülen, die ihrerseits wiederum aus Atomen zusammengesetzt sind. So besteht Eisen beispielsweise aus Eisenatomen und Wasser aus H_2O-Molekülen, von denen jedes aus zwei Wasserstoffatomen und einem Sauerstoffatom zusammengesetzt ist.

Die Atome nun bestehen ihrerseits aus den Elementarteilchen – und zwar aus Elektronen und Protonen sowie zumeist auch noch aus Neutronen. Die Protonen und die Neutronen bilden den Kern des jeweiligen Atoms und die Elektronen kreisen in weitem Abstand um sie herum. Bei den Elektronen handelt es sich um sehr leichte Teilchen, die elektrisch negativ geladen sind. Die Protonen sind fast zweitausend Mal schwerer als die Elektronen und positiv geladen. Die Neutronen sind elektrisch neutral und noch etwas schwerer als die Protonen. Mit den Neutronen und den Protonen befindet sich fast die gesamte Masse eines Atoms in seinem Kern. Ihrerseits bestehen die Neutronen und die Protonen noch einmal aus noch kleineren Elementarteilchen, die als Quarks bezeichnet werden.

Da Materie gleichsam verstofflichte Energie ist, lässt sie sich auch in Energie umwandeln, und zwar entsprechend der berühmten Formel von Einstein: $E=mc^2$. Nach dieser Formel ergibt sich die Energiemenge der Materie, indem ihre Masse mit dem Quadrat der Lichtgeschwindigkeit multipliziert wird. Dadurch entspricht sogar einer winzigen Menge an Materie bereits eine enorme Menge an Energie. In kleinen Bruchteilen finden solche Umwandlungen von Materie statt bei der Energieerzeugung in der Sonne oder auch in den Atomkraftwerken auf der Erde.

Gemäß der Relativitätstheorie und der Quantenphysik beruhen alle Formen von Energie auf vier Grundkräften. Dabei handelt es sich um die Gravitationskraft, die elektromagnetische Kraft, die schwache Kernkraft und die starke Kernkraft. Manche Energieformen werden direkt durch eine dieser Grundkräfte verkörpert, andere sind durch Umwandlungen aus ihnen entstanden. Die Gravitationskraft ist jene Kraft, welche die Erde auf ihrer Bahn um die Sonne hält und die zugleich verhindert, dass wir Menschen von der Oberfläche der Erde einfach davonschweben. Die elektromagnetische Kraft liegt direkt der elektrischen und der chemischen Energie zugrunde sowie auch dem Magnetismus und dem Licht. Die schwache Kernkraft ist für die Radioaktivität verantwortlich. Die starke Kernkraft schließlich bewirkt den inneren Zusammenhalt der Protonen und der Neutronen sowie indirekt auch den Zusammenhalt der Atomkerne.

Der Ursprung der vier Grundkräfte und damit auch der Energie und der Materie insgesamt ist der Urknall. Er hat vor knapp 14 Milliarden Jahren stattgefunden. Mit ihm ist das gesamte Universum entstanden, einschließlich Raum und Zeit. Im Urknall waren alle vier Grundkräfte eine einzige Urkraft und der gesamte Raum des Universums war ein winziger Punkt. In diesem Punkt, viel kleiner als ein einziges Elektron, war die gesamte Energie des Universums enthalten, sowie potenziell auch alle Materie und alle Zeit. Das Universum war im Urknall ein sehr gleichmäßiges mit einer überaus großen Ordnung.

Die Entwicklung des Universums wird für gewöhnlich in verschiedene Phasen untergliedert, von denen die ersten bereits in extrem winzigen Bruchteilen einer Sekunde stattgefunden haben und die vorerst letzte bis heute andauert. Während dieser Entwicklung hat die Entropie im Universum immer mehr zugenommen – aber die Komplexität ebenfalls. So hat sich das Universum von der ausgeprägten Gleichförmigkeit des Urknalls in eines mit einer sehr großen Vielfalt gewandelt.

Das Universum begann also als unendlich kleiner und zugleich auch als unendlich heißer Energieball. Die Energie dieses Balls ist dabei zunächst einfach die Energie der Urkraft. 10^{-34} Sekunden nach dem Urknall, also im ersten extrem winzigen Bruchteil der allerersten Sekunde, ist das Universum im Durchmesser 10^{-28} Zentimeter winzig und zugleich 10^{27} Grad heiß. In der nun beginnenden Phase entstehen aus der Energie des Universums die ersten Materieteilchen, und zwar vor allem Quarks und sogenannte Antiquarks, aber auch andere Elementarteilchen, wie beispielsweise die Elektronen.

Nach 10^{-32} Sekunden beträgt der Durchmesser des Universums bereits 10 Zentimeter. Die Temperatur des Universums entspricht seiner Energiedichte. Je größer das Universum wird, desto mehr verteilt sich seine Energie und desto geringer wird dadurch seine Temperatur. 10^{-10} Sekunden nach dem Urknall beträgt sie noch 10^{15} Grad. In dieser Phase vernichten sich einerseits Quarks und Antiquarks wieder gegenseitig zu Energie. Es gibt aber insgesamt mehr Quarks als Antiquarks und so bleiben viele Quarks übrig. Diese bilden nun andererseits die ersten Protonen und Neutronen.

Etwa eine Sekunde nach dem Urknall ist die Temperatur des Universums auf 10 Milliarden Grad gesunken. Inzwischen hat sich die Urkraft in die vier Grundkräfte aufgeteilt. Außerdem existieren jetzt im Universum alle Bausteine, aus denen sich alsbald die Atome zusammensetzen werden, nämlich Protonen, Neutronen und Elektronen. Doch noch ist es zu hieß, als dass sich bereits Atomkerne bilden könnten. Lediglich die Kerne des Wasserstoffatoms gibt es bereits, weil es sich bei ihnen nur um einzelne Protonen handelt.

Erst 100 Sekunden später, die Temperatur beträgt jetzt nur noch eine Milliarde Grad, kann die starke Kernkraft wirksam werden und Protonen sowie Neutronen zusammenhalten. So entstehen nun auch die Kerne von weiteren Atomen, wie etwa von Deuterium, Helium und Lithium. Insgesamt aber handelt es sich bei drei Viertel der Atome des jungen Universums um Wasserstoffatome und bei dem restlichen Viertel hauptsächlich um Heliumatome. Diese Atome bilden nun große Wolken.

Die vorerst letzte Phase in der Entwicklung des Universums beginnt eine Million Jahre nach dem Urknall und dauert auch heute noch an. Während dieser Epoche entstehen aus den großen Wolken von Wasserstoff und Helium die Galaxien und mit ihnen die Sterne und nach und nach auch die Planeten. Die einzelnen Galaxien bündeln sich zu größeren Haufen, welche durch die Schwerkraft zusammengehalten werden. Auf manchen Planeten entsteht Leben. Die Temperatur des Universums beträgt inzwischen nur noch 3 Grad Kelvin beziehungsweise −270 Grad Celsius.

Seit dem Urknall dehnt sich der gesamte Raum des Universums immer weiter aus, und damit wird auch das Universum selbst immer größer. Infolgedessen entfernen sich alle Galaxienhaufen voneinander, wie Punkte auf einem Luftballon, der aufgeblasen wird. Aber eine Mitte des Universums gibt es nicht. Deshalb ist immer noch und weiterhin gerade dieser Ort hier und auch jeder andere Ort im Universum genau derjenige Ort, an dem vor ungefähr 14 Milliarden Jahren der Urknall stattgefunden hat.

Teile und Ganzes

Die Elementarteilchen sind die elementaren Teile, aus denen alle Dinge des Universums bestehen, vom kleinsten Sandkorn bis zur größten Galaxie und vom menschlichen Körper bis zur kompliziertesten Maschine. Einige Elementarteilchen wurden bereits vorgestellt: Die Protonen, die Neutronen und die Elektronen als Bausteine des Atoms, die Quarks als Bausteine der Protonen und der Neutronen, und die Photonen als Teilchen des Lichts.

Die Photonen sind jedoch nicht nur die Teilchen des Lichts, sondern auch ganz allgemein die sogenannten Botenteilchen der elektromagnetischen Kraft. In physikalischen Experimenten erscheint Licht jedoch nicht nur als Teilchen, sondern oft auch als Schwingung. Ähnlich verhält es sich mit den anderen Elementarteilchen, wie etwa den Elektronen und den Protonen. Sie erscheinen in physikalischen Experimenten ebenfalls mitunter als Wellen. So sind alle Elementarteilchen dynamische Strukturen mit einer Doppelnatur als Schwingungen und Korpuskeln. Dementsprechend besteht auch die gesamte Materie genauso gut aus Wellen wie aus Teilchen.

Eine besondere Sorte von Teilchen stellen die Antiteilchen dar, die allerdings sehr selten sind. Zu vielen Elementarteilchen gibt es genau entgegengesetzte Teilchen mit der gleichen Masse, die sich mit jenen gegenseitig zu Energie vernichten, wenn sie aufeinander treffen. Diese entgegengesetzten Teilchen zu den Elementarteilchen sind die Antiteilchen.

Die Antiteilchen zu den Elektronen sind die Positronen und diejenigen der Protonen heißen Antiprotonen. Im Gegensatz zu den Elektronen sind die Positronen elektrisch positiv geladen und im Gegensatz zu den Protonen haben die Antiprotonen eine negative Ladung. Wenn ein Elektron und ein Positron aufeinander treffen, zerstrahlen sie zu Energie. Umgekehrt können aus einem Energiefeld aber auch spontan ein Elektron und ein Positron entstehen. Hier verwandelt sich dann eine entsprechende Energiemenge in die Masse dieser beiden Teilchen.

Insgesamt werden in der Quantenphysik drei oder vier Familien von Elementarteilchen unterschieden, nämlich die Hadronen, die Leptonen, die Bosonen und die Quarks. Die bekanntesten Hadronen sind die Protonen und die Neutronen, also jene Teilchen, aus denen die Atomkerne bestehen. Weitere Hadronen sind die Antiprotonen, also die Antiteilchen zu den Protonen, und die Mesonen, von denen es mehrere verschiedene Arten gibt.

Die bekanntesten Leptonen sind die Elektronen. Daneben gehören zu dieser Teilchenfamilie etwa die Positronen, die Myonen und die Neutrinos. Die Positronen sind die Antiteilchen zu den Elektronen. Die Myonen sind den Elektronen ähnlich, aber zweihundert Mal so schwer. Bei den Neutrinos handelt es sich um sehr kleine Elementarteilchen, die durch alle gewöhnliche Materie einfach hindurchfliegen. Sie haben keine elektrische Ladung und auch keine oder nur eine äußerst geringe Masse.

Bosonen sind diejenigen Teilchen, welche die Kräfte übertragen. Sie werden auch als Botenteilchen bezeichnet. Zu jeder der vier Grundkräfte gibt es entsprechende Bosonen. Die Botenteilchen der elektromagnetischen Kraft sind die Photonen. Zur Gravitationskraft gehören die Gravitonen, die aber noch nicht aufgespürt werden konnten. Die starke Kernkraft hat acht Arten von Gluonen als Botenteilchen und bei der schwachen Kernkraft gibt es drei Arten von Bosonen. Darüber hinaus gibt es noch eine weitere Art von

Bosonen, nämlich die Higgs-Teilchen. Dabei handelt es sich um die Teilchen des sogenannten Higgs-Feldes. Durch das Higgs-Feld erhalten alle anderen Teilchen ihre Masse.

Die Hadronen wie etwa die Protonen und die Neutronen sind nun allerdings nicht ganz so elementar, wie die Leptonen und die Bosonen, sondern aus noch kleineren Elementarteilchen zusammengesetzt, nämlich den Quarks. Hier gibt es sechs Arten, von denen für die gewöhnliche Materie aber nur zwei bedeutsam sind, und zwar die d-Quarks und die u-Quarks: Jedes Proton besteht aus einem d-Quark und zwei u-Quarks; jedes Neutron besteht aus zwei d-Quarks und einem u-Quark.

In der Größenordnung der Quantenphysik, sozusagen auf der subatomaren Ebene des Universums, besteht nicht nur die Materie aus Elementarteilchen, sondern die Kräfte, die hier wirken, bestehen ebenfalls aus Elementarteilchen, nämlich aus den bereits erwähnten Bosonen. Ein Beispiel hierfür ist die starke Kernkraft, welche die Quarks in den Protonen und Neutronen zusammenhält. Sie besteht aus Gluonen, die ständig zwischen den Quarks ausgetauscht werden.

Alle Elementarteilchen, also alle Quarks sowie auch alle Bosonen und alle Leptonen, bestehen nun ihrerseits wiederum vermutlich aus Strings. Dabei handelt es sich um superextrem winzige Schlaufen aus purer Energie – eindimensionale Fäden, die ringförmig in sich geschlossen sind und die unterschiedlich schwingen. Die verschiedenen Elementarteilchen entsprechen hier verschiedenen Schwingungsmustern dieser Schlaufen. Strings, die im Muster von Elektronen vibrieren, stellen Elektronen dar, solche, die im Muster von Photonen schwingen, sind Photonen, und wieder andere, die in den Mustern der Quarks vibrieren, verkörpern damit jene Quarks.

Die Elementarteilchen bilden die kleinsten Teile sämtlicher Materie und auch der Kräfte. Doch zugleich sind sie alle miteinander ein einiges Ganzes. Dieser Sachverhalt ergibt sich daraus, dass auf der subatomaren Ebene das Prinzip der Nichtlokalität gilt. Aus diesem Prinzip folgt letztendlich die Untrennbarkeit des Universums.

In unserer Alltagswelt und auch in der Größenordnung der Galaxien, also gleichsam auf der makroskopischen Ebene des Universums, gilt das Prinzip der Lokalität. Es besagt, dass jede Aktion und jede Veränderung eine Beeinflussung vor Ort benötigt, beispielsweise durch einen mechanischen Stoß oder durch ein elektromagnetisches Feld. Wenn wir mit unserem Fuß einen Ball wegkicken wollen, müssen wir ihn erst einmal treffen, also mit dem Fuß einen Kontakt zum Ball herstellen; wenn wir mit unserem Handy telefonieren wollen, egal wohin, benötigen wir eine Netzverbindung vor Ort. Der Fuß und der Ball sind getrennte Objekte, genauso wie das Handy und die Übertragungsmasten, zwischen ihnen muss eine Verbindung hergestellt werden, wenn die gewünschten Effekte eintreten sollen.

Auf der subatomaren Ebene gilt nun zusätzlich und hauptsächlich das Prinzip der Nichtlokalität. Elementarteilchen können hier nachweislich von anderen Elementarteilchen direkt über weite Entfernungen beeinflusst werden, ohne eine spezielle Verbindung zwischen ihnen. Veränderungen bei einzelnen Elementarteilchen führen hier oft zu Veränderungen bei anderen Elementarteilchen, ohne dass es dafür eines Kontaktes vor Ort bedarf – weder durch einen Stoß noch über ein Kraftfeld. So erweisen sich die Elementarteilchen als durch nichtlokale Zusammenhänge miteinander verbunden: Es handelt sich bei ihnen nicht um getrennte Objekte. Sie bilden alle miteinander ein einziges Objekt, ein einziges Ding, ein einziges Ganzes.

Das Verhalten der Elementarteilchen sowie auch der einzelnen Atome wird hauptsächlich bestimmt durch ihre jeweiligen nichtlokalen Zusammenhänge mit diesem Ganzen. Beispiele hierfür sind der Zerfall von instabilen Elementarteilchen und die Radioaktivität von instabilen Atomen. Solche Prozesse erfolgen stets scheinbar ganz spontan, ohne dass sie durch ein lokales Geschehen verursacht werden. Sie ergeben sich aus den nichtlokalen Zusammenhängen mit dem Ganzen.

So lassen sich physikalisch eine explizite und eine implizite Ordnung des Universums unterscheiden. Die explizite Ordnung zeigt sich auf der makroskopischen Ebene, in unserer Alltagswelt und in den kosmischen Größenordnungen. Hier erscheint das Universum als eine Vielfalt, die aus unzähligen einzelnen Teilen besteht, aus unzähligen Dingen, die alle voneinander getrennt sind. Physikalisch bestehen die unzähligen Dinge des Universums aber letztendlich aus nichts anderem als Elementarteilchen – und diese wiederum bilden alle miteinander ein einziges untrennbares Ding.

Das Ganze der nichtlokalen Zusammenhänge ist damit letztendlich das gesamte Universum. Es ist die implizite Ordnung des Universums. Sie offenbart sich auf der subatomaren Ebene, doch sie gilt zugleich auch, sozusagen implizit, für die gesamte Vielfalt der makroskopischen Ebene. Die implizite und die explizite Struktur sind zwei komplementäre Aspekte des gleichen Universums: Alle Teile im Universum sind zugleich ein einheitliches Ganzes, alle Veränderungen darin sind zugleich ein einziger Vorgang – und auch jeder einzelne Mensch ist zugleich eins mit dem Ganzen.

Welt und Gott

Die Welt, wie sie die Physik erforscht, erweist sich auf der subatomaren Ebene als ein einheitliches Ganzes, als eine unzertrennbare Einheit. Doch diese Welt ist nicht die einzige. Es gibt auch noch andere Welten, innere beispielsweise und höhere. Ken Wilber gilt als einer der wichtigsten Vordenker einer spirituellen Philosophie und Psychologie in unserer Zeit. Er unterscheidet sechs solcher Welten, sechs verschiedene Ebenen der Wirklichkeit – und fünf davon jenseits des Aussagebereichs der Physik: Die erste und niedrigste der Welten oder Ebenen, die Wilber benennt, ist die materielle Ebene, die Welt der unbelebten Materie und Energie. Dies ist die Welt der Physik und auch der Chemie. Sie reicht ihrerseits durchaus von der subatomaren Ebene bis zur makroskopischen, von den Quarks bis zu den Galaxien, aber eben nur in materieller und unbelebter Hinsicht. Mit dem Leben beginnt bereits eine höhere Ebene, die biologische. Dies ist eine andere Welt mit zusätzlichen Gesetzen, welche sich nicht aus den Gesetzen der Physik oder der Chemie ableiten lassen. Jenseits davon existieren nach Wilber noch die mentale, die subtile, die kausale und die absolute Ebene. Alle diese Ebenen oder Welten zusammen machen erst die gesamte Welt aus, die gesamte Wirklichkeit von den Quarks und den Galaxien bis hin zu den Urprinzipien und zum Absoluten. Abbildung 5 veranschaulicht die sechs Ebenen der Wirklichkeit nach Wilber grafisch.

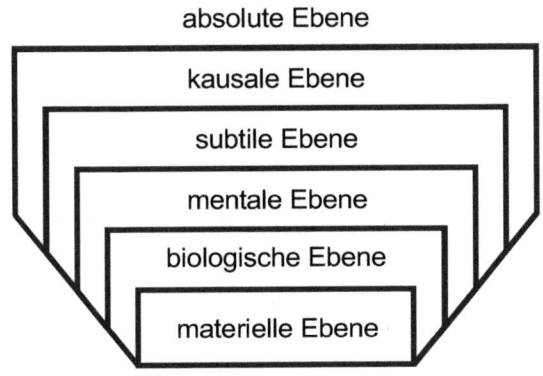

Abbildung 5: Die Ebenen der Wirklichkeit nach Wilber

Jede dieser Welten kann für eine genauere Betrachtung noch einmal in verschiedene Ebenen untergliedert werden. Außerdem sind die einzelnen Welten nicht streng voneinander getrennt, sondern gehen fließend ineinander über. Entscheidend für die sechs genannten Welten oder Ebenen ist jedoch nach Wilber, dass sie nicht gleichwertig sind. Jede höhere Welt ist hier umfassender als die darunter liegenden; sie überschreitet und enthält zugleich jeweils alle niederen Welten. Ein Beispiel dafür ist die mentale Ebene. Dabei handelt es sich um den Geist – und zwar um den Geist des Menschen, der zugleich auch einen lebendigen Körper hat, der also zugleich auch aus Materie besteht (erste Ebene) und von Leben (zweite Ebene) erfüllt ist.

Die niederste Welt ist also die materielle Ebene. Dabei handelt es sich um die Welt der physikalischen Energie und der grobstofflichen Materie. Zu dieser Ebene gehören die Quarks und die Elektronen, die Atome und die Moleküle, die Schwerkraft und die Elektrizität, das Licht und die Wärme, das Eisen und der Sauerstoff, die Berge und die Seen, Tische und Autos, Raketen und Computer, Sterne und Galaxien. Auch die chemischen Verbindungen, aus denen der menschliche Körper besteht, und die physischen Energien, mit denen er funktioniert, entstammen der materiellen Ebene.

Über der materiellen Ebene befindet sich die biologische. Dies ist die Welt des Lebens. Zu ihr gehört der menschliche Körper und mit ihm alle anderen Lebewesen. Charakteristisch für sämtliche Lebewesen sind die Notwendigkeiten einer schützenden Abgrenzung gegenüber der Umgebung sowie zugleich auch eines fortwährenden Stoffwechsels mit ihr, jeweils zum Zweck der eigenen Selbsterhaltung. Außerdem gehören zum Leben die Fähigkeiten zur Fortpflanzung sowie zur Veränderung des eigenen Erbgutes. Nicht zuletzt ist für alle Lebewesen eine innere Beseeltheit charakteristisch, die zu einem seelischen Empfinden befähigt und sich in einem entsprechenden Reagieren äußert.

Die mentale Ebene, die Welt des Geistes, ist typisch für den Menschen. Während seiner Kindheit und Jugend erwirbt fast jeder Mensch zunächst, zwischen seinem vierten und seinem sechsten Lebensjahr, einen verbalen Verstand, durch den er vermittels sprachlicher Begriffe anschaulich denken kann, darauf hin dann einen logischen Verstand, mit dem er sein anschauliches Denken auch folgerichtig zu vollziehen vermag, und schließlich einen abstrakten Verstand, der ihn außerdem zu formalen Denkoperationen befähigt. Die zentrale Instanz des menschlichen Geistes ist dabei das Ich des Menschen, welches jener ungefähr in den gleichen Lebensabschnitten mithilfe seines Denkvermögens entwickelt.

Dieses Ich gehört ebenfalls der mentalen Ebene an und ist das Zentrum des gewöhnlichen Bewusstseins. Es beinhaltet die Identität und das Selbstwertgefühl des Menschen. So handelt es sich bei dem Ich um jene geistige Struktur, in der sich unsere bewussten Überzeugungen befinden und durch die wir unsere bewussten Entscheidungen treffen. Hier können wir unsere Emotionen bewusst erleben und von hier gehen unsere bewussten Handlungen aus.

Materie, Leben und Geist kennt jeder Mensch aus eigener Erfahrung. Bei den nun folgenden Ebenen handelt es sich um solche, mit denen nur wenige Menschen jemals Erfahrung gemacht haben. Je höher die entsprechenden Ebenen liegen, desto eindeutiger werden jene Menschen, die mit ihnen bereits Erfahrungen gemacht haben, als Mystiker bezeichnet. Doch von solchen Menschen, Mystikern der verschiedenen Weltreligionen, werden jene höheren Ebenen durchaus ähnlich beschrieben.

Die subtile Ebene ist die Welt der feinstofflichen Energien und der transzendenten Sphärenklänge sowie der Engel und der Gottheiten. Feinstoffliche Energien, wie beispielsweise die Chi-Energie, sind höhere Energien weit jenseits der physikalischen. Genauso sind auch die Sphärenklänge, wie etwa das kosmische Om, akustisch nicht vernehmbar. Die wichtigsten Komponenten der subtilen Ebene sind aber die göttlichen Archetypen. Dabei handelt es sich um die Urprinzipien, die dem manifesten Universum zugrunde liegen, und um die Urideen, aus denen alle Erscheinungsformen des manifesten Universums hervorgegangen sind. Die Gottheiten sind feinstoffliche Gestalten, in denen sich die Urprinzipien zeigen können, und die Engel sind himmlische Boten der Gottheiten.

Bei der kausalen Welt handelt es sich um die Ebene der vollkommenen Transzendenz und damit um den Bereich von Gott an und für sich. Gott an und für sich ist formloses Sein und formlose Leere, reines Bewusstsein und reine Seligkeit. Der christliche Mystiker Dionysius Areopagita charakterisiert ihn als ein ›überlichtes Dunkel‹. Im Buddhismus entspricht der kausalen Welt das Nirwana. Während die kausale Welt einerseits leer und rein ist, ist sie doch andererseits auch der kausale Ursprung und die eigentliche Essenz aller Erscheinungsformen, von den göttlichen Archetypen bis zu den subatomaren Teilchen. So ist sie ein unendliches, überaus reines Nichts und zugleich die größte, allerdings unmanifestierte Fülle.

Die absolute Ebene ist das nichtduale Eine und damit zugleich auch die Soheit von allen anderen Ebenen. Hier sind alle sechs Ebenen eine einzige Ebene und sämtliche Erscheinungsformen der niederen vier Ebenen, von der materiellen bis zur subtilen, eine unzertrennbare Einheit – und zwar sowohl unter einander wie auch mit der vollkommenen Transzendenz der fünften, kausalen Ebene. Das nichtduale Eine ist das Einzige und alles, in seiner Vielfalt und als Ganzes. Es ist jedes Atom und jedes Molekül, jeder Baum und jeder Mensch, jeder Berg und jede Maschine, jeder Stern und jede Galaxie, jeder Ort und jede Zeit, jeder Gedanke und jedes Gefühl, jeder Engel und jede Uridee, Gott in allem und Gott für sich allein.

Neueste Forschungsergebnisse der Quantenphysik haben zu der Erkenntnis geführt, dass die Welt auf der subatomaren Ebene eine unzertrennbare Einheit darstellt. Diese Erkenntnis mag als ein Gleichnis dafür dienen, dass die Welt auch insgesamt, durch alle verschiedenen Ebenen hindurch, von den subatomaren Teilchen bis zum höchsten Absoluten, eine unzertrennbare Einheit ist. In einer Erfahrung des kosmischen Bewusstseins kann der Mensch dieser Einheit unmittelbar gewahr werden.

Psychologie

Anfang des 20. Jahrhunderts haben die ersten Psychologen damit begonnen, sich auch mit mystischen Erfahrungen zu befassen. Die wichtigsten Werke aus jener Zeit sind ›Die Vielfalt religiöser Erfahrung‹ von William James und ›Die Erfahrung des kosmischen Bewusstseins‹ von Richard Maurice Bucke. In den sechziger Jahren des 20. Jahrhunderts wurde dann eine eigene Richtung innerhalb der Psychologie begründet, die sich mit mystischen Erfahrungen befasst, und zwar die Transpersonale Psychologie. Ihre wichtigsten Vertreter sind Roberto Assagioli, Karlfried Graf Dürckheim, Ken Wilber und Stanislav Grof. An den Universitäten ist die Transpersonale Psychologie allerdings bislang nur marginal vertreten. Es gibt jedoch ein Konzept aus der Mystik, das auch in der akademischen Psychologie an den Universitäten neuerdings zunehmend auf Interesse stößt. Hierbei handelt es sich um dasjenige der Achtsamkeit.

Achtsamkeit

Achtsamkeit ist eine Ausrichtung des Geistes, die besonders in der indischen Mystik schon vor zweieinhalb Jahrtausenden angestrebt und gepflegt wurde. Namentlich Siddharta Gautama, der Buddha, nennt sie als eines der wichtigsten Glieder auf dem Pfad zur Erleuchtung. Für ihn besteht sie vor allem darin, sich möglichst oft und möglichst aufmerksam der eigenen jeweils gegenwärtigen Körperempfindungen, Gefühle, Willensimpulse und Gedanken gewahr zu werden. Im Gefolge von Buddha wurden verschiedene Methoden oder Übungen zur Verwirklichung von Achtsamkeit entwickelt. Die wichtigsten hiervon sind die Vipassana-Meditation und das Zazen.

In den vierziger Jahren des vergangenen Jahrhunderts taucht das Konzept ›Achtsamkeit‹ erstmals in der westlichen Psychotherapie auf, und zwar unter der Bezeichnung ›Awareness‹. Prominentestes Beispiel hierfür ist die Gestalttherapie, die maßgeblich von Frederick S. Perls begründet wurde. Perls versteht unter Awareness ein entspanntes Gewahrsein der ganzen Person. Dieses Gewahrsein findet immer in der Gegenwart statt. So ist Awareness in der Gestalttherapie ein entspanntes Gewahrsein der gegenwärtigen Gedanken und Gefühle der eigenen Person sowie ihrer aktuellen Sinneswahrnehmungen und Körperempfindungen. Ein solches Gewahrsein hat, wie Perls betont, einen heilsamen Effekt. Es unterstützt die psychischen Selbstheilungskräfte des Menschen. Je besser und je häufiger es einem Menschen gelingt, Awareness zu verwirklichen, desto besser und häufiger werden diese Kräfte in ihm wirksam. Deswegen ist es ein wichtiges Anliegen der Gestalttherapie, das Gewahrsein des Klienten oder Patienten gezielt zu fördern.

Die Gestalttherapie ist eines der zentralen Therapieverfahren der Humanistischen Psychologie, einer Strömung innerhalb der Psychologie, der es hauptsächlich um die Selbstverwirklichung des Menschen geht. Der bekannteste Vertreter dieser Strömung ist Erich Fromm. Er definiert Achtsamkeit in den siebziger Jahren folgendermaßen: „Achtsamkeit bedeutet, dass ich in jedem Augenblick meines eigenen Körpers ganz gewahr bin, einschließlich meiner Körperhaltung und dessen, was in meinem Körper vor sich geht, und dass ich ganz gewahr bin meiner Gedanken, also dessen, was ich denke."[21] Fromm empfiehlt Meditationsübungen zur Schulung der Achtsamkeit sowohl als Ergänzung zu einer psychotherapeutischen Behandlung wie auch unabhängig davon zur Förderung der eigenen Selbstverwirklichung.

In den achtziger Jahren gelangt das Konzept der Achtsamkeit sogar in die akademische Psychologie, wie sie an den Universitäten betrieben und gelehrt wird – und zwar einerseits durch Jon Kabat-Zinn und andererseits durch Marsha Linehan. Kabat-Zinn begann damals damit, Achtsamkeitsübungen in der Behandlung von Menschen mit schweren Stresssymptomen und psychosomatischen Erkrankungen einzusetzen. Achtsamkeit beinhaltet für ihn, „auf eine bestimmte Weise aufmerksam zu sein: bewusst, im gegenwärtigen Augenblick und ohne zu urteilen"[22].

Linehan entwickelte in den achtziger Jahren eine auf Achtsamkeit beruhende Therapiemethode zur Behandlung von Menschen mit einer Borderline-Störung. Diese Störung ist eine deutlich schwerere seelische Erkrankung als die Neurose. Menschen mit einer solchen Störung neigen zu impulsiven Verhaltensreaktionen und zu absichtlichen Selbstverletzungen. Über das Training von Achtsamkeit können sie lernen, mit ihren Emotionen angemessener umzugehen.

Die Psychotherapeuten Halko Weiss, Michael E. Harrer und Thomas Dietz haben die Literatur zur Achtsamkeit gesichtet und vier essenzielle Bausteine der Achtsamkeit herausgearbeitet. Dabei handelt es sich um die gelenkte Aufmerksamkeit, den gegenwärtigen Moment, die nichturteilende Akzeptanz und den inneren Beobachter. Achtsamkeit ist demgemäß eine gesteuerte Aufmerksamkeit, die auf den gegenwärtigen Augenblick ausgerichtet ist, dessen Erlebensinhalte sich der jeweilige Mensch hier mit einer nichtwertenden Akzeptanz gewahr wird, wobei er dies alles gleichsam von einem inneren Beobachter aus verwirklicht.

Unsere Aufmerksamkeit ist oft zerstreut oder absorbiert. Dann sind wir mit ihr in irgendwelchen Gedanken oder Tagträumen versunken. Häufig wird unsere Aufmerksamkeit auch automatisch angezogen, etwa von Dingen, die uns faszinieren oder erschrecken. Achtsamkeit beinhaltet demgegenüber eine klare und aktive Aufmerksamkeit, die wir selbst absichtlich auf eine bestimmte Art von Inhalten lenken und ausgerichtet halten.

Meistens sind wir in unseren Gedanken und Gefühlen mit der Vergangenheit oder mit der Zukunft beschäftigt, mit Ereignissen, die bereits geschehen sind, vor zehn Minuten etwa oder auch vor zehn Jahren, oder mit Ereignissen, von denen wir hoffen oder befürchten, dass sie irgendwann eintreffen werden, in einer Stunde vielleicht oder auch in einem Monat. Die Art von Inhalten, um die es bei der

Achtsamkeit geht, sind die Inhalte unseres Erlebens im gegenwärtigen Moment. Unser Erleben befindet sich ständig im Fluss, es verändert sich kontinuierlich von Augenblick zu Augenblick. Achtsamkeit beinhaltet das Gewahrsein dieses Erlebens im jeweils aktuellen Augenblick.

Fast alle Menschen bewerten ständig die Inhalte ihres Erlebens als gut oder schlecht. Viele Menschen kritisieren sich auch innerlich andauernd selbst oder sie beklagen sich innerlich immer wieder über ihre schwierigen Lebensumstände. Achtsamkeit beinhaltet demgegenüber eine nichturteilende Akzeptanz der Gedanken und Gefühle sowie der Sinneswahrnehmungen und der Körperempfindungen, die das eigene Erleben im jeweils gegenwärtigen Moment ausmachen.

Wenn ein Mensch Achtsamkeit praktiziert, wird er damit gleichsam zum inneren Beobachter seines eigenen momentanen Erlebens, also seiner aktuellen Gedanken, Gefühle, Körperempfindungen und Sinneswahrnehmungen. Der innere Beobachter ist eine seelische Instanz aus entsprechenden Gedanken und Willensimpulsen, von der her der jeweilige Mensch Achtsamkeit verwirklicht. Diese Instanz ist zuständig für die aktive Steuerung der Aufmerksamkeit, für ihre Ausrichtung auf den gegenwärtigen Moment, für das Gewahrsein des eigenen Erlebens und für dessen nichturteilende Akzeptanz. Während ein Mensch Achtsamkeit praktiziert, schafft oder aktiviert er den Beobachter in seinem Bewusstsein und identifiziert sich zugleich auch mit ihm. So befindet sich dann einerseits in seinem Bewusstsein diese seelische Instanz, der innere Beobachter, mit dem er sich identifiziert, der er selbst ist, und andererseits befinden sich dort noch weitere Inhalte, nämlich jene Gedanken und Gefühle sowie Körperempfindungen und Sinneswahrnehmungen, denen er sich von dem Beobachter her und als dieser gewahr wird. Abbildung 6 veranschaulicht die Position des inneren Beobachters im Bewusstsein eines Achtsamkeitspraktizierenden.

Abbildung 6: Der innere Beobachter
und die Inhalte seines Gewahrseins

Meines Erachtens lassen sich nun in der Entwicklung von Achtsamkeit drei verschiedene Stufen unterscheiden: Die erste Stufe
besteht darin, dass sich der Praktizierende um Achtsamkeit bemüht.
Er muss hier den Beobachter in sich erst erschaffen und innerlich
immer wieder darum ringen, dass ihm Achtsamkeit gelingt. Auf der
zweiten Stufe fällt es ihm leicht, den Beobachter in sich zu aktivieren
und von ihm her Achtsamkeit zu verwirklichen. Hier gelangt der
Praktizierende mit seiner Achtsamkeit immer wieder in Fluss mit dem
Fluss seines Erlebens. Die dritte Stufe schließlich beinhaltet, dass
sich der Praktizierende nicht nur seines Erlebens mit Achtsamkeit
gewahr wird, sondern zugleich auch seiner selbst als innerer Beobachter. Die Aufmerksamkeit, die er hier verwirklicht, wird auch als
zwiegerichtete Aufmerksamkeit bezeichnet.

Der mystische Kern

Der mystische Kern des Menschen ist die ihm immanente Transzendenz. Von diesem spirituellen Selbst ist in der Mystik einer jeden Weltreligion die Rede, wenn auch unter verschiedenen Bezeichnungen. Genau genommen bildet es sogar den entscheidenden Bezugspunkt der Mystik einer jeden Weltreligion. In der Mystik des Christentums ist der spirituelle Kern vor allem als Seelenfünklein bekannt. Meister Eckhart hat hier die entsprechende Bezeichnung eingeführt, für „ein Etwas in der Seele, worin Gott lebt"[23]. Im Yoga, der Mystik des Hinduismus, heißt jenes Selbst Atman, Purusha oder auch Drashta. Patanjali bezeichnet es als ›den Sehenden‹ und definiert es als „die Energie der Schau"[24]. Für Lao-Tse hingegen lässt sich der mystische Kern des Menschen vor allem als eine Leerheit oder ein Nichts charakterisieren. Dieses Nichts veranschaulicht er durch die Metapher eines Gefäßes aus Ton: „Man formt Ton zu einem Gefäß, doch erst durch das Nichts im Innern kann man es benutzen."[25] Die Zen-Meister des Buddhismus wiederum bezeichnen das innere Nichts vorzugsweise als Buddha-Natur. Die Essenz dieser Buddha-Natur wird im Buddhismus charakterisiert als „offen und weit, leer und leuchtend"[26].

Zu den ersten Pionieren der Transpersonalen Psychologie, die sich mit dem mystischen Kern befasst haben, gehört Roberto Assagioli. Er hat jenen Kern als transpersonales Selbst bezeichnet. Ähnlich wie Patanjali den Drashta, definiert Assagioli das transpersonale Selbst als ein Zentrum aus reiner Bewusstheit und spiritueller Kraft. Dieses Zentrum befindet sich im Inneren des Menschen gleichsam oberhalb des Bewusstseinsflusses. Der Bewusstseinsfluss ist der ununterbrochen fließende Strom aus wechselnden Bewusstseinsinhalten, wie Empfindungen, Gefühlen, Fantasien, Gedanken, Sinneswahrnehmungen, Wünschen und Impulsen. Diesen Strom erleben wir für gewöhnlich in unserem Bewusstsein und zugleich auch als unser Bewusstsein. Das transpersonale Selbst existiert jenseits solcher Inhalte wie Gedanken oder Gefühle. Nor-

malerweise befinden wir uns, so Assagioli, nicht in unserem transpersonalen Selbst, sondern sind stattdessen in irgendwelche Inhalte
unseres Bewusstseinsflusses verstrickt, in irgendwelche von unseren Gedanken, Wahrnehmungen, Gefühlen oder Bedürfnissen.
Diese innere Verstrickung ergibt sich daraus, dass wir uns mit den
entsprechenden Gedanken, Bedürfnissen oder Gefühlen identifizie-
ren. Nur wenn es uns gelingt oder geschieht, dass wir für einen
Augenblick von allen Bewusstseinsinhalten desidentifiziert sind,
gelangen wir für genau diesen Augenblick in unser transpersonales
Selbst – und bleiben dort vielleicht auch noch für einige weitere
Augenblicke, bis wir uns wieder in irgendwelche von unseren
Bewusstseinsinhalten verstricken. Das transpersonale Selbst ermöglicht uns, wenn wir uns in ihm befinden, durch seine reine Bewusstheit ein deutlich erhöhtes Gewahrsein der eigenen Bewusstseinsinhalte im jeweils gegenwärtigen Augenblick. Außerdem ermöglicht es
uns durch seine spirituelle Kraft auch eine deutlich verbesserte Ein-
flussnahme auf diese Inhalte, etwa auf den Ablauf unserer Gedanken oder auch auf die Intensität unserer Gefühle.

Für Karlfried Graf Dürckheim ist der mystische Kern das eigentliche Wesen des Menschen. Dieses Wesen definiert er als die Imma-
nenz der Transzendenz, also als die Art und Weise, in der das über-
natürliche oder göttliche Sein im Inneren des Menschen unmittelbar
anwesend ist. Jene Anwesenheit des überweltlichen Seins ist dem
Menschen grundsätzlich direkt erfahrbar. Die entsprechenden Erfahrungen bezeichnet Dürckheim als Seinserfahrungen. In solchen
Erfahrungen erfährt der jeweilige Mensch die äußere Welt und auch
die innere Welt, also seine eigenen Gedanken und Gefühle, als
durchlässig oder transparent zum überweltlichen Sein hin. Das
überweltliche Sein scheint hier durch das weltliche Sein hindurch,
also durch die äußeren Gegenstände sowie auch durch die eigenen
Gedanken und Gefühle. Dadurch gibt jenes Sein den entsprechenden Erfahrungen jeweils eine Qualität des Numinosen, die charakterisiert ist durch eine überweltliche Einheit, Fülle und Sinnhaftigkeit.
Das Auftreten von solchen Seinserfahrungen und damit von Erfah-

rungen des mystischen Kerns kann nach Dürckheim erleichtert werden durch günstige Umstände in der jeweiligen Situation und auch durch günstige Umstände in der eigenen Person. Günstige Umstände bezüglich der äußeren Situation lassen sich vor allem in vier Bereichen finden, nämlich erstens in der Natur, etwa im Schweigen des Waldes, zweitens in der Begegnung mit großer Kunst, drittens in der Erotik, vor allem in der liebevollen Zärtlichkeit mit einem vertrauten Partner, und viertens in der andächtigen Teilnahme an religiösen Ritualen. Was die eigene Person angeht, so wird ein Auftreten von Seinserfahrungen hier vor allem dann begünstigt, wenn diese ihrerseits eine gewisse innere Durchlässigkeit hat zum überweltlichen Sein hin. Jene Durchlässigkeit entsteht um so mehr, je mehr es dem jeweiligen Menschen gelingt, seinen eigenen Schatten aufzuarbeiten. Dieser wiederum besteht hauptsächlich aus den eigenen verdrängten Emotionen und Konflikten sowie aus unterdrückten Bedürfnissen und Leidenschaften.

Ken Wilber bezeichnet den mystischen Kern, das transpersonale Selbst oder Wesen des Menschen, zumeist als reinen Zeugen und manchmal auch als tiefinneres Selbst. Dieses Selbst transzendiert die isolierte Person, das einzelne Individuum – und wenn ein Mensch zu diesem Selbst hinfindet, dann transzendiert er damit sich selbst als isolierte Person oder als einzelnes Individuum. Für sich genommen existiert das tiefinnere Selbst jenseits des Ichs und jenseits der Charakterstruktur sowie jenseits von Körper und Intellekt des jeweiligen Menschen, ja sogar unabhängig von Zeit und Raum des Universums. Dadurch bleibt es immer, was es war, ist ungeboren und unsterblich sowie überall gegenwärtig. Als reiner Zeuge ist es der reine Beobachter aller Gedanken und Emotionen sowie aller Sinneswahrnehmungen und Körperempfindungen des jeweiligen Menschen. Sobald und solange ein Mensch sich in seinem tiefinneren Selbst befindet, hat er jenen Prozessen seines Seelenlebens gegenüber ein reines Gewahrsein. Das tiefinnere Selbst seinerseits ist dabei nach Wilber höchst unqualifizierbar. Es hat keine Form und keine Struktur und es ist auch kein Prozess, sondern es ist reine, aber überaus bewusste Leerheit. Diese Leerheit ist für alle Menschen dieselbe. Damit ist auch das tiefinnere Selbst allen Menschen gemeinsam und der mystische Kern in jedem Menschen der gleiche.

Die innere Entwicklung, die zur Erfahrung und Verwirklichung des transpersonalen Selbst führt, bildet den Anfang einer Art von Selbstverwirklichung, die mitunter als spirituelle Selbstverwirklichung bezeichnet wird. Dabei handelt es sich um eine höhere Form der Selbstverwirklichung als jene, die für den gewöhnlichen Menschen zunächst einmal ansteht. Bei der gewöhnlichen Selbstverwirklichung geht es für den Menschen vor allem darum, die eigenen Fähigkeiten und Talente zu entfalten und zu seinen wahren Gefühlen und Bedürfnissen zu finden. Diese Art der Selbstverwirklichung ist auch das zentrale Anliegen der Humanistischen Psychologie. Die Transpersonale Psychologie hingegen befasst sich mit der spirituellen Selbstverwirklichung des Menschen. Deren Gipfelpunkt ist die Erlangung der vollkommenen Erleuchtung. Auf dem Weg dorthin bildet auch das Gewahrsein, welches dem mystischen Kern zu eigen ist, noch einmal eine deutliche höhere Achtsamkeit, als jene zwiegerichtete Aufmerksamkeit, die im vorangegangenen Kapitel bereits als dritte Stufe der Achtsamkeit vorgestellt wurde. Der reine Beobachter, als welcher sich der mystische Kern erweist, ist ein anderer und zugleich höherer Beobachter, als jener innere Beobachter, von dem aus die gewöhnliche Achtsamkeit auf den ersten drei Stufen verwirklicht wird. Während sich der innere Beobachter innerhalb der Persönlichkeit und des Verstandes des jeweiligen Menschen befindet, stellt das Gewahrsein des mystischen Kerns hier gleichsam eine vierte Stufe der Achtsamkeit dar. Diese vierte Stufe befindet sich jenseits des Verstandes und jenseits der Persönlichkeit des Menschen.

Transpersonale Erfahrungen

Transpersonale Erfahrungen wurden innerhalb der Transpersonalen Psychologie hauptsächlich von Stanislav Grof erforscht. Solche Erfahrungen beinhalten eine Transzendierung der in der menschlichen Persönlichkeit angelegten Erfahrungsmöglichkeiten – etwa hinsichtlich Raum und Zeit oder auch bezüglich der materiellen und psychischen Wirklichkeit. So können hier beispielsweise weit entfernte, längst vergangene, mikroskopisch kleine oder jenseitig feinstoffliche Objekte oder Episoden unmittelbar erfahren werden. Entsprechende Erfahrungen ereignen sich manchmal während intensiver spiritueller Praktiken, sie können aber auch unter anderen, zumeist außergewöhnlichen Umständen auftreten. Erfahrungen des mystischen Kerns gehören ebenfalls zu den transpersonalen Erfahrungen.

Eine relativ bekannte Art von transpersonalen Erfahrungen sind die sogenannten Astralreisen. Während dieser Erfahrungen befindet sich der Mensch mit seinem Bewusstsein außerhalb von seinem physischen Körper in einem feinstofflichen Leib, dem Astralleib. Von diesem her kann er einerseits seinen physischen Körper sehen und anderseits kann er sich mit dem Astralleib sogar von seinem physischen Körper fortbewegen und zu anderen, weit entfernten Orten reisen. Der Austritt aus dem physischen Körper ereignet sich dabei vorzugsweise während einer tiefen Entspannung oder während des nächtlichen Schlafes. Trotzdem handelt es sich bei den Astralreisen keineswegs einfach nur um Tagträume oder um Fantasiereisen, sondern um reale transpersonale Erfahrungen: Der betreffende Mensch kann mitunter nach einer solchen Reise über Details oder Ereignisse von dem Ort berichten, zu dem er gereist ist, die er nicht kennen würde, wenn er nicht tatsächlich dort gewesen wäre.

Astralreisen sind auch ein wichtiger Bestandteil von Nahtod-Erfahrungen. Dabei handelt es sich um transpersonale Erfahrungen, die in der Nähe des Todes auftreten und die insbesondere von manchen Menschen nach einem schweren Unfall oder nach einer medizinischen Operation berichtet werden. Bei solchen Erfahrungen findet sich der jeweilige Mensch oftmals ebenfalls in seinem feinstofflichen Astralleib wieder. Häufig schwebt er in diesem zunächst oberhalb von seinem physischen Körper. Mitunter kommen alsbald auch andere Wesen in Astralleibern zu ihm, bereits verstorbene Verwandte oder Freunde, die ihn nun in Gedanken begrüßen und mit positiven Gefühlen willkommen heißen. Manch ein Mensch gelangt sogar während seiner Nahtod-Erfahrung seinerseits bereits für eine kurze Zeit in ein feinstoffliches Jenseits, nämlich in jenen Bereich, in dem die Verstorbenen leben. Dieser Bereich zeigt sich ihm dann etwa als eine feinstoffliche Landschaft mit Wiesen, Bäumen und Häusern, die von einem goldenen Licht durchflutet wird und in der wundervolle Sphärenklänge ertönen. Im Mittelpunkt der Nahtod-Erfahrung steht jedoch die Rückschau des jeweiligen Menschen auf sein eigenes bisheriges Leben. Diese besteht aus einem Panorama von Erinnerungen, welche sehr schnell aufeinander folgen und die zumeist auch eine Bewertung beinhalten. Oft findet die Rückschau im Beisein eines Engels statt, der sich zuvor zu dem jeweiligen Menschen gesellt hat. Die Nahtod-Erfahrung insgesamt endet zumeist damit, dass der jeweilige Mensch bewusstlos wird und bald darauf in seinem physischen Körper wieder zu seinem gewöhnlichen Alltagsbewusstsein erwacht.

Begegnungen mit Engeln sind nicht nur an Nahtod-Erfahrungen gebunden, sondern können auch unabhängig davon auftreten. Die Engel erscheinen dem jeweiligen Menschen während einer solchen Begegnung zumeist entweder in einer menschenähnlichen Gestalt oder auch als kugelförmige Lichtquelle. Oft verströmen sie eine unbegrenzte Liebe. Meistens haben sie eine hilfreiche Botschaft für den jeweiligen Menschen, die sie ihm per Gedankenübertragung zukommen lassen.

Über den Engeln stehen die Gottheiten. Transpersonale Begegnungen mit ihnen sind zumeist intellektuell sehr beeindruckend und emotional sehr intensiv. In entsprechenden Erfahrungen können Menschen beispielsweise der griechischen Aphrodite, dem römischen Jupiter, dem germanischen Thor oder dem indischen Ganesha begegnen. Letztendlich sind solche Gottheiten personifizierte Verkörperungen der göttlichen Urprinzipien. So steht Aphrodite hier für das ausgleichende Urprinzip, Jupiter für das erweiternde, Thor für das aktivierende und Ganesha für das regulierende.

Genauso wie eine Begegnung mit einem Engel kann die dem Menschen eigene feinstoffliche Körperlichkeit ebenfalls auch unabhängig von Nahtod-Erfahrungen und Astralreisen erfahren werden. Dies gilt vor allem für die feinstofflichen Energien und die feinstofflichen Energiezentren des eigenen Ätherleibes und des eigenen Astralleibes. Bei den feinstofflichen Energien handelt es sich etwa um das Chi oder das Prana und die feinstofflichen Energiezentren sind die Chakras. So spüren manche Menschen etwa während entsprechender transpersonaler Erfahrungen das Chi in den Adern ihres Ätherleibes, den Meridianen, fließen und andere erleben ihre Chakras dort als trichterförmige Organe.

Nahtod-Erfahrungen vermitteln denjenigen Menschen, denen sie zuteil werden, zumeist die subjektive Gewissheit, dass sie den Tod ihres physischen Körpers überleben werden. Andere transpersonale Erfahrungen vermitteln die subjektive Gewissheit, dass der jeweilige Mensch früher schon einmal gelebt hat. Mehrere Erdenleben ein und desselben Menschen werden auch als seine Inkarnationen bezeichnet. Jede Wiedergeburt ist eine Reinkarnation. Entsprechende transpersonale Erfahrungen können einen Menschen zurückführen in seine früheren Inkarnationen. Er erlebt dann einzelne Episoden, die in längst vergangenen Zeiten spielen, noch einmal ganz unmittelbar als er selbst, jedoch in einer anderen Gestalt, von der er sich während jener Erfahrung sicher ist, dass es sich dabei um seine eigene körperliche Gestalt in einem früheren Leben handelt.

Bei den Reinkarnationserfahrungen gelangt der jeweilige Mensch mit seinem Bewusstsein vorübergehend in eine Episode aus einem seiner eigenen früheren Leben. Ganz ähnlich und zugleich unabhängig von eigenen Inkarnationen kann ein Mensch auch temporär beispielsweise in das Bewusstsein eines Tieres gelangen. Die entsprechenden transpersonalen Erfahrungen werden als Identifikationen mit Tieren bezeichnet. Bei einer transpersonalen Identifikation mit einem Tier findet sich der jeweilige Mensch tatsächlich zeitweilig im Erleben eines Tieres wieder. Er erfährt nun in seinem Bewusstsein die realen Sinneswahrnehmungen dieses Tieres in der jeweiligen Situation, sowie dessen reale Körperempfindungen und Verhaltensweisen. Dadurch wird er erlebensmäßig gleichsam zu dem entsprechenden Tier. So gelangt er mit seinem Bewusstsein vielleicht in das Erleben eines Frosches und sieht nun dessen momentane Umgebung tatsächlich aus dessen Perspektive, oder er gelangt in das Erleben eines Hais und spürt in sich, wie dieser durch die Kiemen atmet. Möglicherweise wird er auch zu einer Schlange, die sich im Wasser ringelt, oder zu einem Adler, der hoch oben durch die Lüfte kreist.

Andere transpersonale Erfahrungen führen tief hinein in die materielle Wirklichkeit, zu mikroskopisch kleinen und noch winzigeren Objekten. Manche Menschen dringen während solcher Erfahrungen beispielsweise in ihre Chromosomen vor und können dort gleichsam den Code der eigenen DNS-Moleküle lesen. Oder sie nehmen während solcher Erfahrungen einzelne Atome wahr und spüren die Kräfte, die in ihnen wirken.

Zwischen den Atomen und innerhalb der Atome, zwischen ihrem jeweiligen Kern und den Elektronen, befindet sich ein Vakuum, doch dieses Vakuum ist nicht wirklich leer, sondern es wird von den physikalischen Kräften durchströmt, die zwischen den Atomen und innerhalb der Atome wirken. Transpersonale Erfahrungen der reinen Leere sind hingegen Erfahrungen der höchsten Transzendenz. In ihnen wird das uranfängliche Nichts erfahren, Gott selbst, das leere und zugleich äußerst fruchtbare Bewusstsein jenseits aller Inhalte, jenseits von Raum und Zeit, jenseits der gesamten Erscheinungswelt.

Die umfassendste transpersonale Erfahrung schließlich ist die Erfahrung des nichtdualen Absoluten. Dieses umfasst sowohl die gesamte Leere wie auch die gesamte Erscheinungswelt. Es ist das absolute Eine, die Einheit aller Erscheinungsformen untereinander wie auch ihre Einheit mit dem Nichts. Im nichtdualen Absoluten ist Gott eins mit der Schöpfung und jeder Mensch eins mit Gott. Alle Erscheinungsformen sind hier zugleich Leere und die reine Leere ist hier auch alle Formen.

Die Entwicklung der Weltsichten

Eigene spirituelle Erfahrungen und durch Lesen angeeignete spirituelle Konzepte können zu einem spirituellen Weltbild führen, das jenseits jener rationalen Weltsicht liegt, welche für das moderne Industriezeitalter typisch ist. Allgemein betrachtet unterliegen Weltsichten einer Entwicklungsfolge – und zwar sowohl für jeden einzelnen Menschen, vor allem in seiner Kindheit und Jugend, als auch für die Menschheit insgesamt im Verlauf ihrer Geschichte und für ihre Zukunft. Einerseits wachsen dabei manche Menschen mit ihrer eigenen Weltsicht über das übliche Weltbild der Gesellschaft oder der Epoche, in der sie leben, hinaus. Andererseits aber haben die meisten Menschen auch als Erwachsene noch in ihrer aktuellen Weltanschauung manche Reste aus vorangegangenen Weltsichten. Außerdem überlappen sich die einzelnen Weltsichten auch insgesamt.

Während seines zweiten Lebensjahres entwickelt jeder Mensch zunächst einmal eine archaische Weltsicht, die von Zauberei und Animismus geprägt ist. Gemäß dieser Weltsicht sind alle Lebewesen und Gegenstände magisch miteinander verbunden und außerdem alle Gegenstände genauso beseelt wie die Lebewesen. Historisch war diese Weltsicht zugleich das typische Weltbild der Jäger und Sammler in der Steinzeit.

In der individuellen Entwicklung eines Menschen unserer Zeit geht während des vierten Lebensjahres aus der archaischen Weltsicht die eigentliche magische Weltsicht hervor. Voraussetzung dafür ist die Fähigkeit zu einem anschaulichen Denken in sprachlichen

Begriffen, welche das Kind im vierten und den folgenden Lebensjahren erwirbt. Vermittels dieser Fähigkeit entwickelt es nun zugleich nach und nach eine Weltsicht, in der es mancherlei höhere Mächte gibt, machtvolle Gottheiten, die das Geschehen in der Welt beeinflussen, die Heil oder Unheil bringen, und die ihrerseits durch bestimmte Gebete oder durch ein bestimmtes Verhalten mitunter dazu veranlasst werden können, den eigenen Wünschen zu entsprechen. Geschichtlich dominierte diese magische Weltsicht vor allem in der Epoche der Gartenbaugesellschaften, die vor ungefähr 12.000 Jahren begonnen hat.

Als nächstes folgte historisch und folgt individuell die mythische Weltsicht. Voraussetzung hierfür ist ein anschauliches Denken, das zu logischen Schlüssen fähig ist. Kinder beginnen ungefähr im siebten Lebensjahr durch ein solches Denken damit, eine mythische Weltsicht zu entwickeln. In dieser Weltsicht gibt es zumeist einen höchsten Gott und eine heilige Ordnung mit strengen Regeln und eindeutigen Rollen für das Zusammenleben der Menschen. Bestätigt und gefestigt wird diese heilige Ordnung durch entsprechende Mythen. Wenn die Gemeinschaft, in der das Kind aufwächst, beispielsweise eine patriarchalische ist, so wird dem Mann darin ganz allgemein eine überlegene Rolle gegenüber der Frau zugesprochen, und diese Ordnung wird dann mit entsprechenden Mythen über die gottgewollte oder naturgegebene Vorrangstellung des Mannes gegenüber der Frau begründet. Das Kind übernimmt die heilige Ordnung und die dazugehörigen Mythen seiner Gemeinschaft in diesem Alter unhinterfragt in seine Weltsicht.

Historisch war die mythische Weltsicht die Weltanschauung der Ackerbaugesellschaften, welche vor ungefähr 6.000 Jahren aufgekommen sind. Es entstanden nun nach und nach kraftvolle Sagen in den verschiedenen Völkern und die großen Religionen mit ihren vielfältigen Mythen – und diese Sagen und Mythen wurden in den Ackerbaugesellschaften jeweils zu zentralen Bestandteilen ihrer Weltsicht.

In unserem Zeitalter können nahezu alle Menschen während ihrer Jugend die Fähigkeit zu einem abstrakten und auch zu einem kritischen Denken ausbilden. Vermittels dieser Fähigkeit vermögen sie dann, wenn sie von ihr einen entsprechenden Gebrauch machen, eine rationale Weltsicht zu entwickeln, die auf überprüfbaren Fakten beruht. Sie können nun die Mythen der vorangegangen Weltsicht kritisch hinterfragen und intellektuell durchschauen. Die äußere Wirklichkeit jedoch betrachten sie mit ihrem Verstand für gewöhnlich als eine, die einfach gegeben ist und die nur erforscht zu werden braucht. Den Glauben an einen höchsten Gott versuchen sie entweder vernünftig zu begründen oder aber sie verwerfen ihn als irrational. Der Sinn des Lebens liegt gemäß der rationalen Weltsicht vor allem in einem Streben nach möglichst viel Erfolg und nach möglichst viel Vergnügen.

Gesellschaftlich ist die rationale Weltsicht die typische Weltanschauung des Industriezeitalters. Sie ist hier vor ungefähr 200 Jahren entstanden, und zwar durch das Aufkommen der Naturwissenschaften und durch die Ideen der Aufklärung. Dementsprechend beruht jene Weltanschauung einerseits auf naturwissenschaftlichen Erkenntnissen und sie vertritt andererseits einen bürgerlichen Liberalismus.

Menschen mit einer pluralistischen Weltsicht wissen, dass die äußere Wirklichkeit nicht einfach nur gegeben ist, sondern dass sie selbst diese stets mit ihrem Verstand interpretieren. Verschiedene gedankliche Perspektiven auf dieselbe Wirklichkeit führen dabei leicht zu unterschiedlichen Interpretationen derselben. Das einfachste und bekannteste Beispiel hierfür ist jenes Glas Wasser, das aus einer optimistischen Perspektive betrachtet noch halb voll ist, während es aus einer pessimistischen Perspektive betrachtet bereits halb leer ist. Die pluralistische Weltsicht wird der Vielfalt von Interpretationsmöglichkeiten gerecht. Voraussetzung für eine solche Weltsicht ist dabei die Fähigkeit zu einem multiperspektivischen Denken. Ein solches Denken erlaubt es den jeweiligen Menschen, verschiedene Perspektiven und Interpretationen gleichberechtigt nebeneinander stehen zu lassen und die verschiedenen Kulturen der Welt als gleichermaßen wertvoll zu betrachten. Dementsprechend beinhaltet die pluralistische Weltsicht auch für gewöhnlich multikulturelle Toleranz und weltumspannende Verbundenheit.

Gesellschaftlich befindet sich die pluralistische Weltsicht noch in der Zukunft. Zur Zeit vertritt lediglich ein kleiner Teil der Menschen in den Industrienationen oder auch auf unserem Planeten insgesamt eine solche Weltanschauung. Politische Einrichtungen wie die UNO und technische Einrichtungen wie das Internet befördern jedoch die Entwicklung der pluralistischen Weltsicht.

Jenseits der pluralistischen Weltsicht ist die holistische verortet. Diese Weltsicht lässt verschiedene Perspektiven nicht einfach nebeneinander bestehen, sondern vermag sie jeweils zu übergreifenden Visionen zu integrieren. Dabei basiert sie ihrerseits in den Menschen, die sie entwickeln, auf einer Integration von Denken und Fühlen sowie von Verstand und Fantasie. Die Fähigkeit zu einer solchen Integration ist somit die Voraussetzung für eine holistische Weltsicht. Insgesamt erscheint in dieser Weltsicht die Wirklichkeit als ein einziges umfassendes System, in dem alle Erscheinungsformen der materiellen, der biologischen und der mentalen Ebene vielfältig miteinander verwoben sind. Der Sinn des Lebens besteht gemäß der holistischen Weltsicht darin, sich selbst im Einklang mit diesem umfassenden System zu verwirklichen.

Als spirituelle Weltsicht soll hier eine Weltanschauung bezeichnet werden, die aus spirituellen Erfahrungen heraus entsteht und diesen gerecht wird. Voraussetzung für eine solche Weltsicht sind demgemäß eigene spirituelle Erfahrungen. Menschen, denen solche Erfahrungen zuteil geworden sind, wissen durch jene Erfahrungen um die spirituelle Dimension der Existenz. Dementsprechend können sie die Wirklichkeit nicht mehr einfach mit den weltlichen Ebenen gleichsetzen. Die Wirklichkeit besteht für sie nun nicht mehr nur aus einer materiellen, einer biologischen und einer mentalen Ebene, sondern auch noch aus der spirituellen Dimension, die ihrerseits ebenfalls verschiedene Ebenen beinhalten mag, wie insbesondere die subtile,

die kausale und die absolute Ebene. So enthält die spirituelle Weltsicht einerseits stets das Wissen um ein überweltliches Sein oder ein
transzendentes Absolutes – und andererseits, je nach den persönlichen Erfahrungen des jeweiligen Menschen, außerdem ein Wissen
um feinstoffliche Energien oder um göttliche Urprinzipien sowie um
Chakras oder um Engel und mitunter auch um die reine Leere jenseits aller Erscheinungsformen. Meditationsmethoden werden von
Menschen mit einer spirituellen Weltsicht für gewöhnlich als hilfreich
erachtet, und zwar nicht nur, um Entspannung zu finden oder um die
eigene Gesundheit zu fördern, sondern vor allem, um Spiritualität zu
verwirklichen.

Integration

Das 20. Jahrhundert brachte für die Mystik in allen Weltreligionen eine weitreichende Öffnung mit sich. Die Mystik einer jeden Weltreligion findet nun nicht mehr nur in der Abgeschiedenheit von speziellen Klöstern und spirituellen Schulungsgruppen statt, sondern sie befindet sich jetzt zugleich auch in einem wechselseitigen Austausch mit den anderen Religionen und mit der eigenen säkularen Gesellschaft. Dieser Austausch betrifft sowohl die Lebensgestaltung wie auch die Weltanschauung von mystisch Praktizierenden und von gewöhnlichen Menschen. Er ermöglicht gegenseitige Anregung und sogar Integration in Theorie und Praxis.

Integrale Lebenspraxis nach Wilber

Die Integrale Lebenspraxis hat Ken Wilber anfang des 21. Jahrhunderts in seinem Zentrum in den USA, dem Integral Institute, mit seinen Mitarbeitern ausgearbeitet. Es handelt sich dabei um einen eigenen spirituellen Schulungsweg, aber auch um eine Einladung an solche Menschen, die bereits einen anderen Weg gehen, diesen durch das Ergänzen mit zusätzlichen Übungen aus der Integralen Lebenspraxis gleichsam zu verganzheitlichen. Umgekehrt stammen auch einige der wichtigsten Übungen dieser Praxis aus anderen Schulungswegen. Alle Übungen der Integralen Lebenspraxis sind in neun Module eingeordnet. Vier davon bilden die Kernmodule und sich besonders wichtig. Hierbei handelt es sich um das Körper-Modul, das Verstand-Modul, das Geist-Modul und das Schatten-Modul.

Das Körper-Modul konzentriert sich auf den Körper in physischer, feinstofflicher und spiritueller Hinsicht. In physischer Hinsicht soll der

Körper vor allem gesund erhalten und gekräftigt werden. Wilber empfiehlt hierfür beispielsweise Laufen oder Radfahren und Übungen mit Hanteln oder an Fitness-Geräten. Eine gesunde Ernährung und ausreichend Schlaf gehören ebenfalls zum Körper-Modul der Integralen Lebenspraxis. Die körperliche Gesundheit kann aber auch in feinstofflicher Hinsicht gefördert werden, etwa durch Bewegungsfolgen des Tai Chi, die den Fluss der feinstofflichen Chi-Energie im eigenen Körper anregen und harmonisieren. Eine entsprechende Arbeit mit der Chi-Energie wirkt zugleich auch befreiend und harmonisierend auf das eigene Gefühlsleben. In spiritueller Hinsicht geht es bei der Arbeit am Körper vor allem darum, von diesem her in die innere Stille zu gelangen. Geeignet sind hierfür vor allem Meditationsmethoden, die von einem Spüren des eigenen Körpers ausgehen.

Im Verstand-Modul geht es um die Einübung eines multiperspektivischen Denkens, mit dem der Praktizierende nach und nach seine eigene ichbezogene Perspektive transzendieren kann. Wilber empfiehlt hierfür den von ihm selbst entwickelten multiperspektivischen Bezugsrahmen. Dieser enthält fünf verschiedene Elemente, die miteinander vielfältige Perspektiven eröffnen – nämlich Quadranten, Ebenen, Linien, Zustände und Typen. Die Quadranten stehen für vier Sphären der Wirklichkeit, nämlich für das Innere und das Äußere des Individuums und des Kollektivs. Das Innere des Individuums ist sein Bewusstsein mit den Gedanken und den Gefühlen und das Äußere des Individuums besteht aus dem Körper und dem Verhalten; das Innere des Kollektivs ist dessen Kultur mit ihrer Weltsicht und ihren Wertvorstellungen und das Äußere des Kollektivs sind die sichtbaren Formen des Kollektivs, wie etwa die Geräte oder Maschinen, mit denen es seine Güter produziert. Zusätzlich zu den Quadranten gibt es die Ebenen. Dabei handelt es sich um allgemeine und stabile Entwicklungsstufen innerhalb der Quadranten. Hier kann ein Individuum sich beispielsweise psychisch auf der Stufe eines kritisch denkenden Menschen befinden oder auf derjenigen eines spirituell geöffneten. Ein Kollektiv kann sich äußerlich etwa auf der

Stufe einer Agrargesellschaft befinden oder auf derjenigen einer Industriegesellschaft. Eine differenziertere Betrachtung der Entwicklungsstufe ergibt sich durch die Entwicklungslinien. Ein Kollektiv etwa, das sich durchschnittlich und allgemein auf einer bestimmten Stufe befindet, kann hier trotzdem beispielsweise auf der Linie seiner wirtschaftlichen Entwicklung weiter fortgeschritten sein, als auf der Linie seiner politischen Entwicklung – oder umgekehrt. Genauso ist auch beinahe jeder Mensch auf verschiedenen Linien seiner psychischen Entwicklung, der emotionalen, der moralischen und der kognitiven beispielsweise, unterschiedlich weit gekommen. Zustände sind vorübergehende Phasen, in denen sich ein Individuum oder ein Kollektiv temporär befinden kann. Ein Individuum etwa kann sich psychisch vorübergehend in einem Zustand der Ekstase befinden und ein Kollektiv wirtschaftlich temporär in einem Zustand der Rezession. Typen sind unabhängig von Ebenen, Linien und Phasen. Bei den Individuen etwa gibt es hier beispielsweise als Typen die extrovertierten und die introvertierten Menschen. Durch die integrative Betrachtung all solcher Typen, Zustände, Linien und Ebenen in den vier Quadranten ergibt sich insgesamt ein multiperspektivischer Bezugsrahmen. Je öfter der Praktizierende der Integralen Lebenspraxis sein Leben oder die Welt gemäß dem Verstand-Modul mithilfe dieses Bezugsrahmens zu verstehen versucht, desto mehr übt er sich dabei zugleich in einem multiperspektivischen Denken.

Das Geist-Modul konzentriert sich auf die Praxis der Meditation oder Kontemplation. Viele Menschen, die bereits einen spirituellen Weg gehen, etwa einen buddhistischen oder einen christlichen, haben darin auch ihre eigene Praxis der Meditation oder Kontemplation. Sie sind eingeladen, diese Praxis durch Übungen aus den anderen Modulen der Integralen Lebenspraxis zu ergänzen, um ihren Weg dadurch zu verganzheitlichen. Umgekehrt kann für solche Menschen, die sich für die Integrale Lebenspraxis als ihren Weg entschieden haben, eine Methode der Meditation oder der Kontemplation aus der buddhistischen oder der christlichen Tradition zu ihrer zentralen Übung des Geist-Moduls werden.

Bei dem Schatten-Modul geht es um die Arbeit an dem eigenen Schatten. Dieser umfasst alle Emotionen und Impulse sowie Leidenschaften und Bedürfnisse eines Menschen, die jener aus seiner bewussten Persönlichkeit verdrängt oder von ihr abgespalten hat. Dabei kann es sich um Eifersucht, Trauer oder Angst handeln, um Habgier oder Geiz, um aggressive oder sexuelle Impulse sowie um Bedürfnisse nach Zärtlichkeit oder Umsorgtwerden. Wenn solche Gefühle oder Bedürfnisse aus der eigenen Persönlichkeit abgespalten sind, werden sie für gewöhnlich unbewusst auf andere Personen projiziert. Der jeweilige Mensch erlebt dann andere Personen entweder fälschlich oder besonders empfindlich in einer Weise, als hätten diese anderen Personen jene Gefühle oder Bedürfnisse, die er selbst bei sich verdrängt hat. Außerdem können die Gefühle und Bedürfnisse des eigenen Schattens, solange sie abgespalten sind, bei dem jeweiligen Menschen selbst zu neurotischen Symptomen und zu psychosomatischen Erkrankungen führen oder auch seine Arbeit an der eigenen spirituellen Entwicklung in den anderen Modulen immer wieder sabotieren. Deshalb sollten die verdrängten Gefühle und Bedürfnisse nach und nach bewusst gemacht und in die eigene Persönlichkeit integriert werden. Meditation oder Kontemplation mag hierbei durchaus hilfreich sein. Mit einer gezielten Schattenarbeit kann der eigene Schatten aber oftmals schneller und zuverlässiger aufgearbeitet werden, als allein durch Meditation oder Kontemplation. Die wichtigste Übung aus dem Schattenmodul ist der 3-2-1-Schattenprozess. Bei dieser Übung arbeitet der Praktizierende alleine in einem Prozess aus drei Schritten über eine Person, die er als schwierig erlebt oder auf die er empfindlich reagiert. Vielleicht hat er auf sie ja unbewusst ein Gefühl oder ein Bedürfnis aus seinem Schatten projiziert? In dem ersten Schritt konfrontiert er sich selbst mit allem, was ihn an der jeweiligen Person stört, in dem er über die andere Person spricht oder schreibt und dabei alles ihn Störende äußert. Der zweite Schritt beinhaltet einen simulierten Dialog mit der jeweiligen Person. Der Praktizierende stellt sich nun diese Person als Gegenüber vor, spricht zu ihr darüber, was ihn an ihr stört, und übernimmt dabei auch immer wieder ihre Rolle, um sich selbst zu antworten. Im dritten Schritt versetzt der Praktizierende sich vollständig in die andere Person. Er ist jetzt in seinem Erleben diese Person und spricht aus oder schreibt auf, wie er sich selbst als diese Person erlebt – besonders auch mit dem, was ihm an ihr stört. Alsbald entdeckt er hier zumeist, dass es sich bei diesem Störenden um ein Gefühl oder ein Bedürfnis von sich selbst handelt, das er in seinen Schatten hinein verdrängt oder abgespalten hatte.

Neben den vier Kernmodulen, vom Körper-Modul bis zum Schatten-Modul, gibt es in der Integralen Lebenspraxis von Wilber noch fünf Zusatzmodule, die sich auf Ethik, Arbeit, Beziehungen, Kreativität und auf die Seele konzentrieren. In diesen Modulen geht es um die Entwicklung der eigenen Moral im Denken und Handeln, von einer egozentrischen zu einer weltbezogenen, außerdem um einen verantwortungsvollen Umgang mit Zeit und mit den Kollegen sowie den Untergebenen im Berufsleben, sodann um eine liebevolle Pflege der wichtigsten privaten Beziehungen, beispielsweise durch wöchentliche Zwiegespräche, weiterhin um die eigene künstlerische Entfaltung, etwa durch Malen oder Singen, und schließlich um die Psychohygiene des eigenen Seelenlebens, beispielsweise durch einen förderlichen Austausch mit der Natur.

Die Urprinzipien

Die Urprinzipien sind göttliche Archetypen, die dem gesamten manifesten Universum zugrunde liegen. Aus ihnen hat sich das gesamte manifeste Universum entwickelt und von ihnen hängt es auch weiterhin ab. Eine Lehre von den Urprinzipien ist in jeder der großen Weltreligionen enthalten, manchmal ganz offensichtlich und manchmal ziemlich versteckt. Die Anzahl der Urprinzipien und ihre Qualitäten werden dabei von den verschiedenen Weltreligionen unterschiedlich benannt. Am besten veranschaulicht man sich hierfür die Gesamtheit der Urprinzipien als einen Kreis, der sie alle enthält. Je nachdem wie dieser Kreis in die einzelnen Urprinzipien aufgeteilt wird, ergibt sich daraus eine unterschiedliche Anzahl solcher Urprinzipien mit unterschiedlichen Qualitäten.

Die bekanntesten Urprinzipien aus dem Taoismus sind Yin und Yang. Yin ist das weibliche Urprinzip der Passivität und der Ruhe, der Kontraktion und der Dunkelheit; Yang ist das männliche Urprinzip der Aktivität und der Bewegung, der Expansion und der Helligkeit. Die Abbildung 7 zeigt den Kreis der Urprinzipien und das Yin-Yang-Symbol aus dem Taoismus.

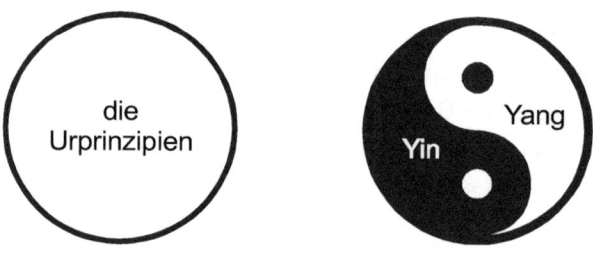

Abbildung 7: Die Gesamtheit der Urprinzipien (links)
und ihre Darstellung im Taoismus (rechts)

Im Hinduismus gibt es verschiedene Aufteilungen des Urprinzipien-Kreises, beispielsweise diejenige in die drei Gunas und eine in drei Gottheiten. Die drei Gunas heißen Rajas, Tamas und Sattva. Rajas ist das Urprinzip der Aktivität, Tamas dasjenige der Passivität und Sattva ist das Urprinzip der Harmonie. Bei den drei Gottheiten handelt es sich um Brahma, Vishnu und Shiva. In dieser Aufteilung des Urprinzipien-Kreises verkörpert Brahma das schöpferische Urprinzip, Vishnu das erhaltende und Shiva das zerstörerische.

Abbildung 8 veranschaulicht die beiden gerade skizzierten Aufteilungen des Urprinzipien-Kreises.

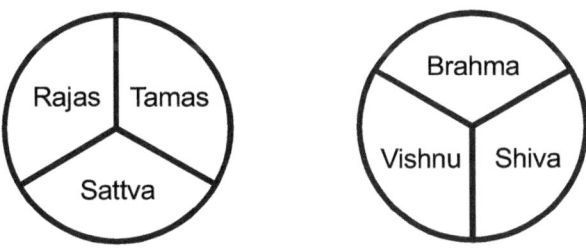

Abbildung 8: Die drei Gunas und die drei Gottheiten

Eine andere Aufteilung des Urprinzipien-Kreises aus dem Hinduismus ähnelt der Yin-Yang-Aufteilung aus dem Taoismus. Hier gibt es ein männliches Urprinzip, welches von Shiva verkörpert wird, und ein weibliches, welches von Shakti verkörpert wird. Anders als im Taoismus ist in dieser Aufteilung das männliche Urprinzip jedoch passiv und das weibliche aktiv: Shiva ist der in sich ruhende Transzendente und Shakti ist die schöpferisch wirkende Kraft.

Im Buddhismus, und hier speziell im tantrischen, werden fünf Urprinzipien unterschieden. Diese werden durch fünf transzendente Buddhas, die sogenannten Dhyani-Buddhas, verkörpert, denen jeweils ein Element wie etwa Äther oder Wasser zugeordnet ist. Die fünf Dhyani-Buddhas sind Vairochana (Äther), Amitabha (Feuer), Amoghasiddhi (Luft), Akshobhya (Wasser) und Ratnasambhava (Erde). Die Abbildung 9 zeigt, stark abstrahiert, den Mandala-Kreis dieser Buddhas.

Im Christentum gibt es wiederum drei Urprinzipien. Sie werden hier verkörpert durch Gott Vater und Gott Sohn sowie den Heiligen Geist. Gott Vater verkörpert das schöpferische Urprinzip der Gestaltung, Gott Sohn das empfängliche Urprinzip der Liebe und der Heilige Geist verkörpert das neutrale Urprinzip der Vermittlung. Die jüdische Mystik unterscheidet vor allem zehn Urprinzipien, nämlich die zehn Sephiroth des Lebensbaumes. Im Sufismus gelten die 99 schönen Namen Gottes, wie sie bereits im Koran genannt werden, als Urprinzipien. Hier wird der Urprinzipien-Kreis also in 99 Urprinzipien ausdifferenziert.

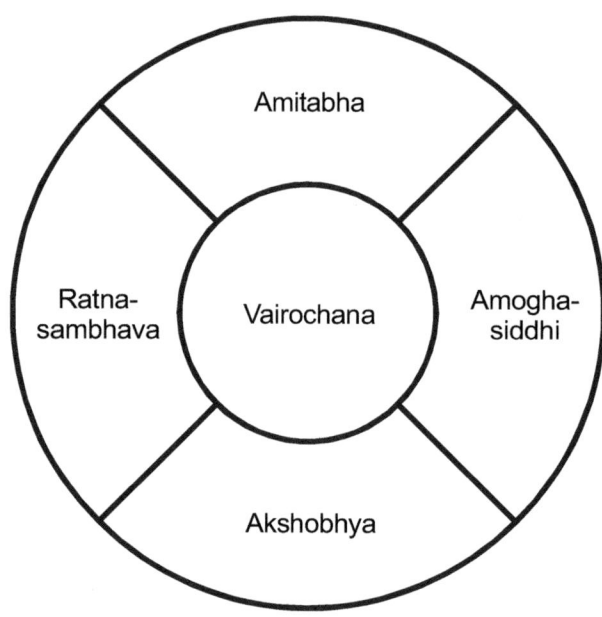

Abbildung 9: Die fünf Dhyani-Buddhas

Interessant ist auch die Aufteilung des Urprinzipien-Kreises in die zwölf Urprinzipien der Astrologie. Jene werden dort durch die zwölf Tierkreiszeichen symbolisiert. So steht das Tierkreiszeichen des Widders etwa für das aktivierende Urprinzip und dasjenige des Stieres für das erhaltende. Die weiteren Urprinzipien der Astrologie sind das vermittelnde (Zwillinge), das empfangende (Krebs), das gestaltende (Löwe), das regulierende (Jungfrau), das ausgleichende (Waage), das bindende (Skorpion), das erweiternde (Schütze), das einschränkende (Steinbock), das befreiende (Wassermann) und das auflösende (Fische). Die Abbildung 10 zeigt die Aufteilung des Urprinzipien-Kreises gemäß der Astrologie.

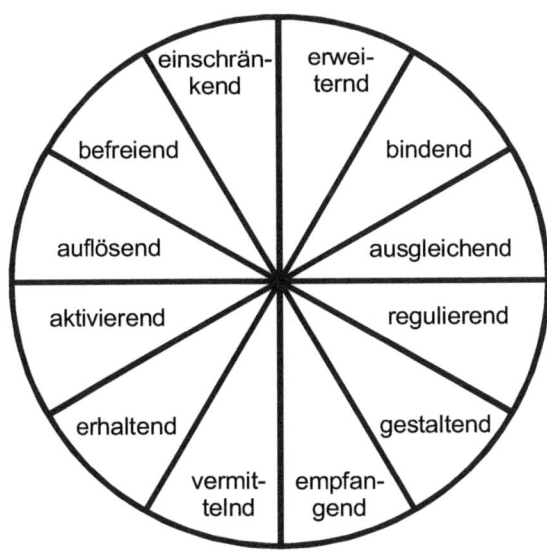

Abbildung 10: Die zwölf Urprinzipien der Astrologie

Esoterisch verstanden besagt die Lehre von den Urprinzipien nicht nur, dass jene dem gesamten manifesten Universum zugrunde liegen, sondern auch, dass sie weiterhin steuernd auf dieses Universum einwirken. Dem Wirken der göttlichen Archetypen ist nicht nur die Entstehung der Erscheinungswelt zu verdanken, sondern aus ihrem Wirken ergibt sich auch deren Schicksalhaftigkeit. Alle Ereignisse, die als Schicksal in unserer Welt erscheinen, werden nicht nur durch die Zufälle und Gesetzmäßigkeiten dieser Welt hervorgerufen, sondern zugleich auch und sogar entscheidend durch die Urprinzipien. Die göttlichen Archetypen wirken hierfür als übergeordnete Prinzipien mit den Zufällen und Gesetzmäßigkeiten der Erscheinungswelt zusammen.

Das Wirken der Urprinzipien kann dabei durchaus auch mit verschiedenen Instrumenten erfasst werden. In der Astrologie wurde hierfür als Instrument das Horoskop entwickelt und in China das I Ging. Mit solchen Instrumenten lassen sich schicksalhafte Ereignisse, die durch die Urprinzipien hervorgerufen werden, symbolisch vorhersagen und inhaltlich deuten.

Astrologie

Die Astrologie ist die wohl differenzierteste Methode, um die Zeitqualität für einen Ort zu ermitteln, wie sie sich dort jeweils aus den gerade aktuellen Wechselwirkungen zwischen den Urprinzipien ergibt. Das Werkzeug der Astrologie ist das Horoskop. Dieses wird mithilfe von astronomischen und geografischen Daten errechnet. Heutzutage werden fast alle Horoskope für den Zeitpunkt und den Ort der Geburt eines Menschen erstellt – um daraus Aussagen über dessen Persönlichkeit abzuleiten.

Als Schaubild besteht das Horoskop zunächst einmal aus zwei Kreisen, einem inneren und einem äußeren. Außen befindet sich der Tierkreis. Er besteht aus den zwölf Tierkreiszeichen von Widder über Löwe und Skorpion bis zu den Fischen. Damit beinhaltet er diejenigen Sternbilder, vor denen sich, von der Erde aus gesehen, die Planeten unseres Sonnensystems bewegen. Innen im Horoskop befindet sich der Häuserkreis. Er besteht aus zwölf Feldern, den sogenannten Häusern. In diese werden alle diejenigen Himmelskörper eingetragen, die in der Astrologie als Planeten bezeichnet werden, und zwar mit denjenigen Positionen, die sie zu dem Zeitpunkt, für den das Horoskop gestellt wird, gerade im Tierkreis haben. Zu den Planeten zählen hier in der Astrologie alle Planeten unseres Sonnensystems, jedoch ohne die Erde, dafür aber einschließlich Pluto, und außerdem die Sonne und der Mond.

Zusätzlich zu den bereits genannten Faktoren wie Tierkreiszeichen und Planeten gibt es in jedem Horoskop auch zwei Achsen, nämlich die Achse des Aszendenten und diejenige des Medium Coeli. Für die Positionen dieser Achsen im Tierkreis ist neben dem Zeitpunkt auch der Ort entscheidend, für den das Horoskop gestellt wird. An der Achse des Aszendenten orientiert sich der Häuserkreis. Der Aszendent ist zugleich die Spitze und damit der Anfang des ersten Hauses. Darauf folgen die anderen Häuser entgegen dem Uhrzeigersinn im Horoskopkreis. Während die Tierkreiszeichen alle gleich groß sind, nämlich 30 Grad, sind die Häuser fast immer unterschiedlich groß. Das Medium Coeli ist zugleich die Spitze des zehnten Hauses.

Zwischen den Planeten werden im Horoskop auch noch bestimmte Winkelbeziehungen eingetragen, die sogenannten Aspekte. Die wichtigsten dieser Aspekte sind die Konjunktion, das Sextil, das Quadrat, das Trigon und die Opposition. Sie ergeben sich zwischen zwei Planeten, wenn diese im Horoskop genau oder zumindest annähernd 0 Grad, 30 Grad, 60 Grad, 90 Grad, 120 Grad oder 180 Grad auseinander liegen.

Abbildung 11 zeigt als Beispiel aus didaktischen Gründen ein nur unvollständiges Horoskop. In ihm sind lediglich drei der insgesamt zehn Planeten eingetragen, nämlich die Sonne, der Mond und die Venus. Außerdem enthält es auch nur einen Aspekt, nämlich ein Sextil zwischen Mond und Venus, während ein vollständiges Horoskop zumeist zehn bis fünfzehn Aspekte hat. Der Aszendent befindet sich in dem abgebildeten Beispielhoroskop im Löwen (♌) und das Medium Coeli im Widder (♈). Die Sonne steht dort im Skorpion (♏) im vierten Haus, der Mond im Schützen (♐) im fünften Haus und die Venus in der Waage (♎) im dritten Haus. Mond und Venus liegen ungefähr 60 Grad auseinander und sind dementsprechend durch ein Sextil miteinander verbunden.

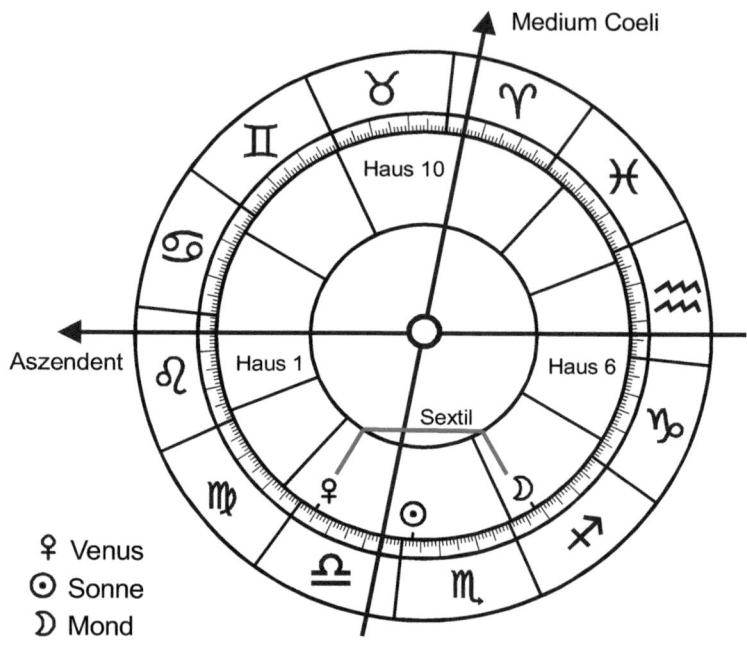

Abbildung 11: Ein unvollständiges Beispielhoroskop

Von ihrer Bedeutung her stehen die Tierkreiszeichen für die Qualitäten oder Wirkungen der entsprechenden Urprinzipien. So steht Widder (♈) für Aktivierung, Stier (♉) für Erhaltung und Zwillinge (♊) für Vermittlung. Krebs (♋) symbolisiert Empfänglichkeit, Löwe (♌) Gestaltung und Jungfrau (♍) Regulierung. Waage (♎) steht für Ausgleich, Skorpion (♏) für Bindung und Schütze (♐) für Erweiterung. Steinbock (♑) symbolisiert Einschränkung, Wassermann (♒) Befreiung und Fische (♓) Auflösung.

In den Häusern konkretisieren sich die Urprinzipien als Lebenssphären. So steht das erste Haus für den eigenen Körper und für Selbstbezogenheit, das zweite für Sicherheit und Besitz, das dritte für Nachbarschaft und Kommunikation und das vierte für die Familie und das eigene Seelenleben. Das fünfte Haus steht für Kreativität und Lebenslust, das sechste für den Arbeitsplatz und die Gesundheit, das siebte für Begegnungen und Zusammenarbeit und das achte für die Partnerschaft und die eigenen Ideale. Das neunte Haus steht für Lebensphilosophie und Auslandserfahrungen, das zehnte für die Öffentlichkeit und die eigene Berufung, das elfte für den Freundeskreis und für Weltbürgertum und das zwölfte für Abgeschiedenheit und Transzendenz. Speziell zu erwähnen sind hier die Spitze des ersten Hauses, der Aszendent, und die Spitze des zehnten Hauses, das Medium Coeli. Der Aszendent steht für die eigene Grundstimmung dem Leben gegenüber und das Medium Coeli für das Lebensziel.

Die Planeten stehen bei einem Geburtshoroskop für verschiedene Komponenten der Persönlichkeit. Die Sonne steht hier für die Gesamtpersönlichkeit des jeweiligen Menschen sowie vor allem für sein Handeln und der Mond steht für sein Erleben. Der Merkur symbolisiert den Intellekt, die Venus die Hingabefähigkeit und der Mars das Durchsetzungsvermögen. Der Jupiter steht für Entwicklungsbereitschaft und der Saturn für Pflichtbewusstsein. Uranus verkörpert Spontaneität, Neptun Sensibilität und Pluto Leidenschaft.

Besondere Winkelbeziehungen zwischen den Planeten, die Aspekte, verweisen auf spezielle Verbindungen zwischen den entsprechenden Persönlichkeitskomponenten. Bei einer Konjunktion ist diese Verbindung sehr eng, bei einem Sextil oder einem Trigon besonders unterstützend und bei einem Quadrat oder bei einer Opposition ist sie besonders schwierig.

Gedeutet werden bei einem Horoskop vor allem der Aszendent und das Medium Coeli sowie die Planeten in den Zeichen und in den Häusern und die Aspekte zwischen den Planeten. In dem abgebildeten Beispielhoroskop steht der Aszendent im Löwen und symbolisiert damit eine Grundstimmung der Freude am Leben. Das Medium Coeli steht im Widder und repräsentiert als Lebensziel die Entfaltung von Aktivität. Die Sonne steht vor allem für das Handeln, und das Zeichen, in dem sie sich befindet, zeigt die Qualität dieses Handelns an. Bei einer Position im Skorpion ist dieses Handeln ein engagiertes. Die Position der Sonne im vierten Haus verweist außerdem darauf, dass jenes Handeln vor allem ausgerichtet ist auf eine Auseinandersetzung mit dem eigenen Seelenleben oder auf eine Förderung der eigenen Familie. Der Mond im Schützen steht für ein Gefühlsleben von enthusiastischer Qualität und die Venus in der Waage für eine romantische Hingabefähigkeit. Das Sextil zwischen Mond und Venus verweist auf eine innere gegenseitige Unterstützung zwischen dieser Hingabefähigkeit und jenem Gefühlsleben: Die enthusiastischen Gefühle geben der romantischen Hingabefähigkeit emotionalen Überschwang und die romantische Hingabefähigkeit gibt den enthusiastischen Gefühlen charmante Ausdrucksmöglichkeiten.

Reinkarnation

Reinkarnation bedeutet Wiedergeburt und die Lehre von der Reinkarnation besagt zunächst einmal, dass jeder Mensch nicht nur einmal auf der Erde lebt, sondern hier mehrmals wiedergeboren wird, genau genommen sogar sehr häufig. Die einzelnen Erdenleben eines Mensch werden auch als Inkarnationen bezeichnet. So hat nahezu jeder Mensch, der heute auf der Erde existiert, hier schon öfter gelebt, in verschiedenen Epochen der Vergangenheit und in den unterschiedlichsten Ländern der Welt – vielleicht vor dreitausend Jahren in Ägypten und vor zweitausend Jahren im Römischen Reich, während des Mittelalters möglicherweise bei den Maya oder bei den Inka, und vor hundert Jahren etwa in Frankreich oder auch auf Grönland.

Die einzelnen Leben eines Menschen gehen dabei, so besagt die Reinkarnationslehre ebenfalls, gemäß einer bestimmten Gesetzmäßigkeit auseinander hervor, wobei diese Gesetzmäßigkeit auch als Karma bezeichnet wird. Ihr gemäß sind alle Konstellationen, die ein Mensch in seinem Leben vorfindet, Wirkungen, die in seinen vorangegangenen Inkarnationen ihre Ursachen haben. Dies gilt sowohl für seine biologischen Erbanlagen wie auch für seine äußeren Lebensumstände und für Alltagssituationen genauso wie für Schicksalsschläge. Alle diese Konstellationen hat er gemäß der Reinkarnationslehre selbst verursacht, durch eigene Handlungen und Absichten während früherer Leben. So bilden die einzelnen Leben eines Menschen miteinander eine logische Folge.

Am offensichtlichsten ist im Gesetz des Karma die moralische Komponente. Sie besagt, dass moralisch gute Handlungen und Absichten eines Menschen in einem bestimmten Leben bei ihm in seinen darauf folgenden Inkarnationen zu angenehmen Konstellationen führen und moralisch schlechte zu schwierigen. Hinzu kommt aber noch, dass der Folge der Inkarnationen eines Menschen auch eine Entwicklungstendenz zugrunde liegt. Jeder Mensch kann nämlich die Folge seiner Wiedergeburten abschließen, indem er die vollkommene Erleuchtung erlangt. Diese wiederum erlangt er, wenn er sich über viele Inkarnationen hinweg zu ihr hin entwickelt. Gegen Ende seines Weges durch die Inkarnationen mag er seine Entwicklung zur Erleuchtung hin bewusst anstreben, indem er sich auf eine spirituelle Schulung einlässt. Am Anfang seines Weges hingegen wird seine Entwicklung dorthin eher unbewusst einerseits durch die moralische Komponente des Karma-Gesetzes vorangetrieben, und andererseits auch dadurch, dass er das Leben während jener Inkarnationen nach und nach in seiner schier unendlichen Vielfalt kennen lernt – denn die Erleuchtung ist schließlich auch die Einswerdung mit der Gesamtheit dieser Vielfalt. Demgemäß hat das Karma-Gesetz nicht nur eine moralische Komponente, sondern auch eine diversifizierende und eine progressive: Es zielt nicht nur auf ausgleichende

Gerechtigkeit, sondern auch auf größtmögliche Vielfalt und auf kontinuierliche Weiterentwicklung.

Jede neue Zeugung und Geburt eines Menschen findet an einem Ort und zu einer Zeit statt sowie durch Eltern und in Konstellationen, die sozusagen dem jeweils aktuellen Stand seines Karmas entsprechen – also den Folgerungen, die sich gemäß der moralischen und der diversifizierenden sowie der progressiven Komponente des Karma-Gesetzes aus seinen vorangegangenen Inkarnationen für sein neues Leben ergeben. Aus dem Horoskop eines Menschen, das für seine Geburt erstellt wird, lassen sich dementsprechend Aussagen darüber ableiten, was für eine Persönlichkeit er aufgrund jener Eltern und jener Konstellationen ausbilden wird.

Die diversifizierende Komponente des Karma-Gesetzes besagt, dass jeder Mensch immer wieder geboren wird, um insgesamt eine große Vielfalt an Lebensmöglichkeiten erfahren zu können – viel mehr, als in eine einzige Inkarnation passen könnte. So mag er in einem Leben eine Frau sein und in einem anderen ein Mann, in vielen Leben arm und in wenigen reich, in einigen schön und in anderen hässlich, in manchen dumm und in weiteren intelligent. In der Folge seiner Inkarnationen erlebt wohl jeder Mensch nach und nach auf die eine oder andere Weise ein großes Spektrum an Varianten bezüglich Freundschaft und Liebe, Feindschaft und Verrat, Einfluss und Macht, Erfolg und Scheitern, Hunger und Not, Krankheit und Gesundheit, Leid und Gewalt, Täterschaft und Opfersein, Verbrechen und Sühne. Außerdem hat jeder Mensch in verschiedenen Inkarnationen auch eine unterschiedliche Grundstimmung und ein unterschiedliches Lebensziel. So mag seine Grundstimmung etwa in einigen Inkarnationen aus Lebensfreude bestehen und in anderen aus Anpassungsbereitschaft. Sein Lebensziel ist in manchen Inkarnationen vielleicht die Verwirklichung von Gefühlstiefe und in weiteren dann die Entfaltung von Aktivität. Trotz aller Vielfalt kommt aber jeder Mensch in Verlauf seiner Inkarnationen stets von neuem mit den gleichen Personen zusammen.

Gemäß der moralischen Komponente des Karma-Gesetzes gibt es in der Folge der Inkarnationen eines Menschen immer wieder einen gerechten Ausgleich – entweder durch das Schicksal oder durch sein eigenes Handeln. Wenn ein Mensch beispielsweise in einem bestimmten Leben einige oder alle Personen einer bestimmten Gruppe fortwährend verachtet, bekämpft oder ausgebeutet hat, etwa solche einer anderen Hautfarbe oder des anderen Geschlechts oder eines anderen Landes, dann wird er in einem seiner darauf folgenden Leben als eine Person genau dieser Gruppe wiedergeboren. Täterschaft führt nahezu immer in einer der darauf folgenden Inkarnationen zunächst einmal zu einem entsprechenden Opfersein. Hier kommt es dann meistens einfach zu einem Tausch der Rollen zwischen den Beteiligten. Dem betreffenden Menschen wird in jener folgenden Inkarnation von der jeweiligen Person genau dasjenige Leid angetan, welches er ihr in der vorangegangenen Inkarnation zugefügt hat. Letztendlich jedoch muss jede Schuld durch eine passende Wiedergutmachung ausgeglichen werden. Wenn ein Mensch einem anderen in einem Leben viel Geld gestohlen hat, dann mag er ihn in einem späteren Leben mit viel Geld unterstützen; wenn er ihn in einem früheren Leben umgebracht hat, dann mag er ihn nun vor dem Tode retten. Der Sinn der moralischen Komponente des Karma-Gesetzes besteht keineswegs in einer Strafe für schlechte Taten, sondern stattdessen in einer Förderung der eigenen Entwicklung: Niemand kann die vollkommene Erleuchtung erlangen ohne zuvor einen zwar selbstbewussten, aber zugleich vor allem auch liebevollen Umgang mit seinen Mitmenschen erlernt zu haben.

Die progressive Komponente des Karma-Gesetzes besagt, dass jeder Mensch immer wieder geboren wird, um sich zunehmend weiter zu entwickeln. Ausgangspunkt der entsprechenden Entwicklung ist eine Stufe der Unwissenheit, auf welcher der jeweilige Mensch nicht nur vielfältige Begierden und Aversionen hat, sondern auf der er auch zutiefst in diese verstrickt ist. Aufgrund seines Verstricktseins in die eigenen Begierden und Aversionen verwickelt er sich hier auch mit seinen Mitmenschen in ungünstige Muster des Erlebens und Verhaltens, die mehr oder weniger deutlich geprägt sind durch Abhängigkeit und Ausbeutung, Täuschung und Verrat, Machtausübung und Intrigantentum, Missbrauch und Traumatisierung. Solche Muster setzen sich dann bei jedem Menschen über viele Inkarnationen hinweg fort, immer wieder mit den gleichen Beteiligten und höchstens mit wechselnden Rollenverteilungen. Oft sind jene Muster zugleich auch eine wichtige Ursache für die Entstehung von seelischen Störungen und psychosomatischen Erkrankungen. Die entscheidende Herausforderung diesbezüglich besteht für jeden Menschen darin, sich nach und nach, über mehrere Inkarnationen hinweg, aus seinen Mustern der Verwicklung zu befreien und zu einem liebevollen Umgang mit seinen Mitmenschen zu finden. Eine andere Entwicklungsaufgabe der progressiven Komponente des Karma-Gesetzes liegt für jeden Menschen darin, in den verschiedenen Inkarnationen nacheinander die unterschiedlichsten Fähigkeiten zu entfalten, sportliche und musische, unternehmerische und intellektuelle, karitative und kreative. Der Gipfelpunkt der karmischen Entwicklung ist die Stufe der vollkommenen Erleuchtung. So bestehen die abschließenden Inkarnationen eines Menschen vor allem aus seiner spirituellen Selbstverwirklichung.

Moderne Meister

Das 20. Jahrhundert brachte nicht nur eine Öffnung für die mystischen Wege der etablierten Religionen, sondern es tauchten nun
auch einige moderne Meister auf, die außerhalb dieser Weltreligionen neue Wege der Mystik begründeten: Rudolf Steiner konfrontierte
die mystische Schulung mit der modernen Aufklärung und Georg I.
Gurdjieff lehrte mystische Schulung direkt als spirituelle Wissenschaft. Jiddu Krishnamurti lehnte alle traditionellen Schulungswege
ab und Osho befürwortete alle traditionellen Schulungswege gleichermaßen.

Rudolf Steiner

Rudolf Steiner wurde am 25. Februar 1861 in dem österreichisch-
ungarischen Dorf Kraljevec geboren. Er studierte Mathematik,
Naturwissenschaften und Philosophie in Wien. Im Jahre 1913 gründete er die Anthroposophische Gesellschaft. Dabei handelt es sich
um eine spirituell orientierte Weltanschauungsgemeinschaft. Diese
beinhaltet einen entsprechenden Erkenntnisweg mit bestimmten
Übungen. Um jenen Erkenntnisweg herum erweiterte Steiner die
Anthroposophie nach und nach noch um viele andere Komponenten,
die alsbald sogar bekannter und einflussreicher wurden, als der
anthroposophische Erkenntnisweg selbst. So begründete er beispielsweise eine anthroposophische Bewegungskunst, nämlich die
Eurythmie, eine anthroposophische Erziehungslehre, welche auch
Waldorf-Pädagogik genannt wird, eine anthroposophische Heilkunde
und die biologisch-dynamische Landwirtschaft. Das Zentrum der
Anthroposophischen Gesellschaft befindet sich in Dornach bei Basel
in der Schweiz. Dort starb Rudolf Steiner am 30. März 1925.

Zentral für die Lehre der Anthroposophie ist ein komplexes drei-gliedriges Menschenbild. Demgemäß besteht der Mensch zunächst einmal aus Leib, Seele und Geist, wobei jedoch für Steiner der Leib des Menschen deutlich über seinen physischen Körper hinausreicht, während die Seele das Ich beinhaltet und der Geist der spirituellen Dimension angehört. So unterscheidet Steiner bezüglich Leib, Seele und Geist jeweils noch einmal drei Glieder, und zwar den physischen Leib, den Lebensleib und den Empfindungsleib, sodann die Empfin-dungsseele, die Verstandesseele und die Bewusstseinsseele, schließlich das Geistselbst, den Lebensgeist und den Geistmen-schen. Allerdings sind hier der Empfindungsleib und die Empfin-dungsseele nur zwei Seiten ein und desselben Gliedes und für die Bewusstseinsseele und das Geistselbst gilt dies ebenso. Dadurch kommt Steiner auf insgesamt sieben Glieder des Menschen.

Der physische Leib des Menschen ist sein Körper aus Fleisch und Blut. Er besteht aus physikalischen und chemischen Stoffen, und es wirken in ihm physikalische und chemische Kräfte. Das eigentliche Leben des physischen Leibes stammt von einem höhe-ren Körper, nämlich dem Lebensleib. Dieser besteht aus der Lebenskraft. Damit beinhaltet er sowohl den Selbsterhaltungstrieb wie auch den Fortpflanzungstrieb. Außerdem sorgt der Lebensleib für das Wachstum und die Formerhaltung des Körpers. Der Empfin-dungsleib ermöglicht die körperliche Seite des menschlichen Erle-bens, also der Leidenschaften und der Emotionen des Menschen.

Die psychische Seite des menschlichen Erlebens bildet die Emp-findungsseele. Die Verstandesseele beinhaltet das Denkvermögen. Außerdem ist sie der Sitz des Ichs. Die Bewusstseinsseele befindet sich gleichsam oberhalb des Ichs. Indem das Ich sich in Selbstbe-sinnung übt, kann es aber zu ihr vordringen und sie verwirklichen. Ihrerseits ermöglicht die Bewusstseinsseele eine Öffnung des Men-schen zum Geist hin.

Das Geistselbst ist die andere Seite des Bewusstseinsseele, nämlich ein Leuchten des Geistes in die Seele des Menschen hinein. Jenseits dieses Geistselbstes befindet sich der Lebensgeist. Bei ihm handelt es sich um das geistige Gegenstück zum Lebensleib. Während der Lebensleib aus biologischer Lebenskraft besteht, beinhaltet der Lebensgeist die spirituelle Uridee des jeweiligen Menschen. Der Geistmensch ist das spirituelle Pendant zum physischen Leib. Genauso wie der physische Leib lediglich aus Materie zusammengesetzt ist, besteht der Geistmensch aus reiner Transzendenz. Er entspricht dem Atman.

Ein bedeutendes Anliegen des anthroposophischen Erkenntnisweges ist die Erkenntnis höherer Welten und darin speziell der Urideen. Steiner unterscheidet diesbezüglich drei höhere Bewusstseinszustände. Sie heißen bei ihm Imagination, Inspiration und Intuition. Alle drei von ihm so bezeichneten höheren Bewusstseinszustände liegen oberhalb des normalen Alltagsbewusstseins des gewöhnlichen Menschen. Sie eröffnen dem Menschen dort entsprechende höhere Erkenntnismöglichkeiten. Die Urideen, um deren Erkenntnis es dabei hauptsächlich geht, sind die Urbilder von allen Erscheinungsformen, also von allen Dingen und Wesen. Die genannten Arten der höheren Erkenntnis führen den jeweiligen Menschen von einer äußeren, visuellen, bis zu einer inneren, unmittelbaren Erkenntnis der Urideen.

Die Imagination als höherer Bewusstseinszustand ist ein geistiges Sehen der Äußerungen der Urideen. Die Äußerungen der Urideen werden hier gleichsam bildhaft und leuchtend wahrgenommen. Bei der Inspiration als höherem Bewusstseinszustand handelt es sich um ein geistiges Hören der Bedeutungen jener Äußerungen. Hier teilt sich dem jeweiligen Menschen das Innere der Urideen in geistigen Wörtern mit, die er wie klingend oder tönend vernimmt. Die Intuition als höherer Bewusstseinszustand schließlich ist ein geistiges Darinnensein in den Urideen selbst. Der jeweilige Mensch verschmilzt hier vorübergehend mit den entsprechenden Urideen, ohne aber dabei seine eigene Identität aufzugeben, und erkennt sie dadurch unmittelbar von innen her.

Das Erlangen von geistigen Erkenntnissen ist in der Anthroposophie jedoch kein Selbstzweck, sondern Bestandteil ihres spirituellen

Schulungsweges. So geht es hier nicht darum, die entsprechenden Erkenntnisse gleichsam als Wissensschätze in sich anzuhäufen, sondern sie sollen der eigenen spirituellen Weiterentwicklung dienen. Zur Förderung dieser Weiterentwicklung hat die Anthroposophie ihre eigenen Übungen. Zwei davon sollen hier kurz vorgestellt werden.

Eine wichtige anthroposophische Übung zur Selbsterkenntnis ist die abendliche Rückschau. In ihr schaut sich der Praktizierende innerlich noch einmal alle Ereignisse des zurückliegenden Tages an, und zwar unabhängig davon, ob er sie für wichtig oder für belanglos hält. Er beginnt dabei mit dem gerade erst hinter ihm liegenden Ereignis und bewegt sich dann von dort her rückwärts durch den Tagesverlauf. Seine eigene Person betrachtet er dabei stets von außen her, doch zugleich vergegenwärtigt er sich auch die Empfindungen, die für ihn mit dem jeweiligen Ereignis verknüpft sind.

Ein Beispiel für eine Meditationsübung aus der Anthroposophie ist die Rosenkreuz-Meditation. Das Symbol des Rosenkreuzes besteht aus einer roten Rose, deren grüner Stil die Form eines Kreuzes hat. Es befindet sich hier also quasi eine Rosenblüte auf einem Kreuz. Das Symbol als Ganzes veranschaulicht einen Transformationsprozess des ›Stirb und Werde‹, in dem der Mensch seine Leidenschaften läutert. Das Grün des Stils steht darin für die Wachstumskräfte des Menschen. Das Rot der Rose mag an seine Leidenschaften erinnern, doch die Reinheit der Rose deutet auf deren Geläutertsein. Um dieses Geläutertsein zu erreichen, muss der Mensch spirituell wachsen und in sich manche Angewohnheiten bezüglich seiner Leidenschaften sterben lassen. Darauf verweist das Kreuz. Während der Rosenkreuz-Meditation baut der Praktizierende das Symbol des Rosenkreuzes als Bild in seinem Inneren auf, und zwar über mehrere Phasen hinweg, durch die er jenes Symbol sowohl versteht als auch erlebt. Daraufhin verweilt er eine Zeit lang bei dem fertigen Symbol und lässt es auf sich wirken. Anschließend mag der fortgeschrittene Schüler der Anthroposophie das Symbolbild des Rosenkreuzes in seinem Inneren vollständig löschen und trotzdem noch für eine Weile wach und konzentriert meditieren – nun gleichsam in der Fülle des Nichts.

Wenn ein Mensch solche und andere Übungen aus der Anthroposophie praktiziert, dann kann er dadurch nach und nach sich in seinen eigenen spirituellen Geist hinein weiterentwickeln und sich dort zugleich die höheren Erkenntnismöglichkeiten zugänglich machen. Wichtig ist jedoch für Steiner, dass der Mensch auf seinem Weg in die höheren Welten stets bei klarem und wachem Bewusstsein bleibt. So ist der Ausgangspunkt für diesen Weg in der Anthroposophie das reine, abstrakte Denken des Menschen. Indem ein Mensch von seinem Ich her jenes reine Denken pflegt und sich jenes Denkens immer wieder auch erlebend inne wird, vermag er es nach und nach in eine Bewusstseinsform zu transformieren, welche zur höheren geistigen Erkenntnis fähig ist.

Georg I. Gurdjieff

Georg Iwanowitsch Gurdjieff wurde im Januar 1866 in Alexandropol in Russland geboren. Als junger Erwachsener erhielt er Schulungen in verschiedenen mystischen Wegen, in dem geheimnisvollen Sarmoun-Kloster in Zentralasien sowie auch anderorts bei islamischen Sufis, außerdem in tantrischem Buddhismus in Tibet und in den verschiedenen Yoga-Wegen in Indien. Später ließ er sich in Taschkent in Usbekistan nieder, trieb dort Handel und formte aus dem Gelernten seine eigene Lehre des Vierten Weges. Dieser Weg ist ein integraler Schulungspfad, der sowohl am Geist ansetzt wie auch am Körper und am Gefühlsleben. Im Jahre 1912 begann Gurdjieff in Moskau und in Sankt Petersburg, Gruppen von Schülern um sich zu sammeln und ihnen in Theorie und Praxis seine Lehre des Vierten Weges zu vermitteln. Zehn Jahre später, 1922, eröffnete er in Fontainebleau bei Paris ein Institut für die harmonische Entwicklung des Menschen, welches nun für die folgenden zehn Jahre das Zentrum seiner Lehre war. Am 29. Oktober 1949 starb Gurdjieff im amerikanischen Krankenhaus von Neuilly bei Paris. Heutzutage gibt es vor allem in Europa und in den USA viele einzelne Gurdjieff-Schulen, also Gruppen von Schülern, die unter der Anleitung eines Lehrers den Vierten Weg beschreiten.

In seiner Lehre unterscheidet Gurdjieff vier Bewusstseinszu-stände, nämlich den nächtlichen Schlaf, das gewöhnliche Wachbe-wusstsein, das Bewusstsein seiner selbst und das objektive Bewusstsein. Dem gewöhnlichen Menschen sind davon normaler-weise nur zwei Bewusstseinszustände zugänglich, nämlich der nächtliche Schlaf und das gewöhnliche Wachbewusstsein.

Der nächtliche Schlaf geht vor allem während des Träumens mit einer gewissen, wenn auch sehr geringen Bewusstheit einher. Aller-dings ist das gewöhnliche Wachbewusstsein für Gurdjieff auch nicht viel mehr als ein wacher Schlaf, weil der Mensch darin ständig mit irgendwelchen Bewusstseinsinhalten identifiziert ist – mit seinen Gedanken oder mit seinen Emotionen, mit dem, was er gerade macht, oder mit dem, wonach er sich gerade sehnt.

Erst im Bewusstsein seiner selbst erwacht der Mensch aus seiner Identifikation mit den Bewusstseinsinhalten. Es handelt sich hierbei um einen höheren Bewusstseinszustand. Dieser besteht nicht aus einem Nachdenken über sich selbst, nicht aus einem seiner selbst gedanklich Innewerden, sondern aus einem reinen Bewusstsein, das zwar Gedanken und andere Inhalte enthält, selbst aber gleichsam oberhalb davon liegt. In diesem Bewusstsein wird der Mensch sich wahrhaft seiner selbst bewusst, und nicht nur seiner Gedanken oder seiner Emotionen. Das objektive Bewusstsein schließlich, der vierte Bewusstseinszustand, entspricht der höchsten Erleuchtung. In die-sem Bewusstseinszustand erfährt der Mensch die Welt so, wie sie tatsächlich ist, nämlich als Einheit aller Vielfalt.

Wichtig ist für Gurdjieff auch die Einteilung der Menschen bezüg-lich ihrer spirituellen Entwicklung in verschiedene Kategorien und Stufen. Diese werden einfach mit entsprechenden Nummern bezeichnet. Die ersten drei Kategorien befinden sich alle auf der gleichen Stufe des spirituell (noch) unentwickelten Menschen. Mensch Nummer 1 ist hier der körpergesteuerte Mensch, Mensch Nummer 2 der emotionsgesteuerte und Mensch Nummer 3 der verstandesgesteuerte. Die erste höhere Entwicklungsstufe wird durch den Menschen Nummer 4 charakterisiert. Hierbei handelt es sich um einen Menschen, bei dem Körper, Verstand und Emotionen harmonisch miteinander integriert sind. Die weiteren Entwicklungsstufen sind dann die eigentlichen spirituellen: Dem Menschen Nummer 5 ist das reine Bewusstsein seiner selbst zugänglich, Mensch Nummer 6 hat bereits das objektive Bewusstsein erfahren, ist also bereits erleuchtet, und Mensch Nummer 7 vermag sogar nach Belieben in den Zustand des objektiven Bewusstseins eintreten.

Wenn ein Mensch ein Schüler des Vierten Weges wird, dann wird er in ein Schulungssystem eingegliedert, das aus drei Linien besteht. Die erste Linie umfasst das Studium der Lehre und die Erforschung der eigenen Person, die zweite Linie beinhaltet die gemeinsame Arbeit an der spirituellen Entwicklung, die mit anderen Schülern in einer Gruppe stattfindet, und bei der dritten geht es um eigene Beiträge für die Schule. Alle drei Linien laufen parallel, beginnen jedoch zu unterschiedlichen Zeitpunkten. Zuerst wird der Schüler mit einigen Grundkonzepten der Lehre vertraut gemacht, die er auch sogleich ausprobieren soll, und zwar in der Erforschung seiner eigenen Person. Bald darauf wird er außerdem zu Gruppensitzungen zugelassen, in denen er mit anderen Schülern gemeinsam arbeitet und in denen sich alle Schüler gegenseitig unterstützen. Sobald der Schüler zu den Fortgeschrittenen gehört, muss er zusätzlich noch selbst etwas für die Schule tun, beispielsweise indem er nun den neuen Anfängern die Grundkonzepte der Lehre vermittelt.

Für die konkrete Arbeit hat Gurdjieff viele verschiedene Methoden und Vorgehensweisen gelehrt, um die harmonische Integration und die spirituelle Entwicklung seiner Schüler zu fördern. Drei der wichtigsten sind die Selbsterinnerung, eine geistorientierte Methode, die heiligen Tänze, welche am Körper ansetzen, und die gefühlsbezogene Arbeit an den negativen Emotionen.

Die Methode der Selbsterinnerung besteht in einem Bemühen um eine zwiegerichtete Aufmerksamkeit, bei welcher der Schüler sich an sich selbst erinnert, während seine Aufmerksamkeit von etwas anderem in Anspruch genommen wird. Es geht hierbei ausdrücklich um ein Gewahrsein seiner selbst und nicht etwa um ein Nachdenken über sich selbst. Der Schüler ist also beim Selbsterinnern aufmerksam mit einem äußeren Ereignis oder auch mit einem inneren Erleben befasst, und er generiert nun daneben weitere Aufmerksamkeit, mit der er sich unabhängig davon zugleich noch zusätzlich seines eigenen Daseins gewahr wird. Durch diese Vorgehensweise arbeitet er sich geistig heran an ein Bewusstsein seiner selbst.

Die heiligen Tänze werden auch als Movements bezeichnet. Es handelt sich bei ihnen um komplexe Bewegungsübungen mit genau festgelegten Bewegungsfolgen. Manche dieser Movements werden sitzend ausgeführt, die meisten jedoch stehend oder gehend. Häufig wird dazu passende Musik gespielt. Ein wichtiger Zweck dieser Übungen besteht darin, die harmonische Integration der Schüler zu fördern.

Die Arbeit an den negativen Emotionen dient vor allem dazu, im eigenen Seelenleben solche Gefühle wie Neid, Eifersucht, Niedergeschlagenheit oder Wut zu reduzieren. Die wichtigste Regel für diese Arbeit lautet, dass der Schüler tagaus, tagein darum kämpfen soll, den Ausdruck von negativen Emotionen zu vermeiden. Trotzdem sollte er sie innerlich akzeptieren, aber er sollte sie nicht vor sich selbst rechtfertigen.

Das wichtigste Symbol des Vierten Weges ist das in Abbildung 12 dargestellte Enneagramm. Es ist ein allgemeines Schema für alle möglichen Wandlungsprozesse, in denen eine Veränderung geschieht oder eine Entwicklung stattfindet. Folglich handelt es sich dabei um ein Wandlungssymbol, ähnlich dem chinesischen Wandlungsschema der fünf Elemente, nur komplexer. So enthält es nicht nur fünf Wandlungsphasen, sondern neun Wandlungspositionen. Diese sind im Enneagramm einfach durch die Zahlen von Eins bis Neun benannt. Die Positionen Neun, Drei und Sechs sind durch ein gleichseitiges Dreieck miteinander verbunden und die anderen Positionen durch ein verschachteltes Sechseck. Außerdem symbolisieren die Positionen Drei und Sechs hier Diskontinuitäten im Wandlungsprozess, die durch passende Impulse von außen korrigiert werden müssen, damit der jeweilige Wandlungsprozess gradlinig weiterläuft und nicht entartet. Gurdjieff hat das Symbol des Enneagramms verschiedentlich verwendet, beispielsweise um die heiligen Tänze zu choreografieren oder um innere Entwicklungsprozesse zu erläutern. Außerhalb der Schulen des Vierten Weges dient das Enneagramm heutzutage vor allem als Verankerung für ein Persönlichkeitsmodell, in dem neun verschiedene Persönlichkeitstypen unterschieden werden.

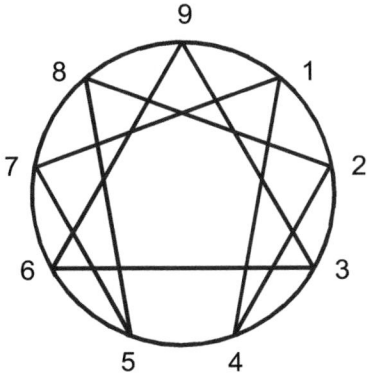

Abbildung 12: Das Enneagramm

Jiddu Krishnamurti

Jiddu Krishnamurti wurde am 11. Mai 1895 in Indien geboren. Spirituell ausgerichtete Menschen in seinem Umfeld erkannten alsbald seine spirituelle Begabung und ließen ihm während seiner Jugend sowohl eine gute intellektuelle wie auch eine gewisse spirituelle Ausbildung angedeihen. In den zwanziger Jahren wurde Ojai in Kalifornien mehr und mehr zu seinem neuen Heimatort. Im Jahre 1927 erlangte Krishnamurti die höchste Erleuchtung und wurde darin eins mit der transzendenten Wirklichkeit. Ende der vierziger Jahre begann er mit einer jahrzehntelangen Reisetätigkeit rund um die Welt. In zahlreichen öffentlichen Vorträgen und unzähligen individuellen Gesprächen bemühte er sich nun intensiv darum, allen Menschen, die dazu bereit waren, sofort einen direkten Zugang zu ihrer eigenen inneren Wahrheit zu eröffnen. Seine Vorträge und Gespräche waren hierfür stets sehr sachlich, äußerst logisch und zugleich auch ziemlich unerbittlich. Am 17. Februar 1986 starb Krishnamurti in Ojai.

Gemäß Krishnamurti kann die innerste höchste Wahrheit, die transzendente Wirklichkeit, nur unmittelbar erreicht werden. Es kann keinen Weg zu ihr geben und schon gar nicht einen traditionell festgelegten, weil das Leben sich ständig verändert und weil die höchste Wahrheit immer schon hier ist. Deshalb ist auch kein religiöses Glaubenssystem hilfreich oder vonnöten, um sie zu finden, keine komplizierte Lehre und keine ausgeklügelte Methode, keine langwierige Suche und keine systematische Schulung, keine fremdbestimmte Unterweisung und kein übernommenes Ideal. Bereits wenige Jahre nach seiner Erleuchtung äußerte sich Krishnamurti diesbezüglich sehr deutlich: „Ich behaupte, dass die Wahrheit ein unwegsames Land ist und dass es keine Pfade gibt, die zu ihr hinführen – keine Religionen, keine Sekten. Das ist mein Standpunkt, den ich absolut und bedingungslos vertrete."[27]

Dementsprechend lehnte es Krishnamurti auch immer wieder vehement ab, als spiritueller Lehrer oder Guru zu wirken und irgendwelche Menschen als Schüler anzunehmen. Die höchste Wahrheit ist in jedem Menschen und jeder Mensch kann nur selbst zu dieser Wahrheit finden und sie nur selbst in sich erkennen. Solange ein Mensch zwischen seiner eigenen Unkenntnis und der

Wahrheit eines Meisters unterscheidet, ist ihm keine Erkenntnis der Wahrheit möglich. „Im Innewerden der Wahrheit gibt es weder Meister noch Schüler, weder Fortgeschrittene noch Anfänger."[28]

Das entscheidende Vorgehen, um die Wahrheit zu erkennen oder ihr innezuwerden, liegt für Krishnamurti in der Verwirklichung von Achtsamkeit – und zwar vor allem von Achtsamkeit gegenüber dem Lebensprozess im eigenen Inneren, gegenüber den eigenen Gedanken und Gefühlen. Unter Achtsamkeit versteht Krishnamurti dabei ein unmittelbares und zugleich nichtwertendes Gewahrsein. Alle öffentlichen Vorträge und alle offiziellen Gespräche waren für ihn gemeinsame Unternehmungen, in denen er jeden Zuhörer oder den jeweiligen Gesprächspartner dahin zu bringen versuchte, sich selbst seiner eigenen gegenwärtigen Gedanken und Gefühle unmittelbar bewusst zu werden.

Das Erkennen der eigenen inneren Wahrheit bedarf „einer umfassenden Bewusstheit, eines unmittelbaren Gewahrseins des inneren Lebensprozesses, ohne ihn zu korrigieren, ohne vorzuschreiben, was er sein sollte oder nicht sein sollte"[29]. In diesem Gewahrsein darf es keine Unterdrückung von irgendwelchen Gedanken oder Gefühlen geben, ja noch nicht einmal einen Widerstand gegen irgendwelche Gedanken oder Gefühle: „Achtsamkeit, die umfassendes Gewahrsein ist, schließt nichts aus."[30]

So geht es Krishnamurti auch ganz entschieden um das Sein und nicht um das Werden. Es ist seiner Auffassung nach völlig sinnlos, durch irgendein Werden, durch irgendwelche Veränderungen an der eigenen Person nach der höchsten Wahrheit zu streben. Niemand braucht dafür Ordnung zu schaffen in seinem Inneren oder im Äußeren moralische Tugenden zu entfalten, bestimmte Emotionen oder Verhaltensmuster bei sich auszumerzen und andere zu kultivieren. Stattdessen geht es hier darum, Achtsamkeit für die eigenen Gefühle und Verhaltensmuster zu entwickeln, so wie sie sind, und sich damit des eigenen Seins unmittelbar inne zu werden. Nur in diesem eigenen Sein lässt sich schließlich die höchste Wahrheit finden.

Das entscheidende Instrument, um die Wahrheit zu finden, ist für Krishnamurti der eigene Geist, der Achtsamkeit verwirklicht beziehungsweise durch den der jeweilige Mensch Achtsamkeit verwirklicht. Dieser Geist muss jedoch, um die Wahrheit finden zu können, seinerseits still werden. Lediglich in der Stille des eigenen Geistes kann die Wahrheit gefunden werden. Doch der Geist des gewöhnlichen Menschen ist fast nie still. Er ist beinahe stets mit innerem Geschwätz angefüllt, mit internen Zwiegesprächen über irgendwelche Belanglosigkeiten oder auch über ernsthafte Probleme. Und wenn der Geist eines gewöhnlichen Menschen sich dem eigenen Erleben zuwendet oder auch äußeren Gegebenheiten, und damit sozusagen zum Beobachter dieser Gegebenheiten oder jenes Erlebens wird, dann hört er deswegen noch lange nicht auf zu schwätzen, sondern sein Geschwätz besteht nun aus inneren Kommentaren zu seinen Erlebnissen oder zu den äußeren Dingen – aus Kommentaren, in denen er diese Erlebnisse oder Dinge interpretiert und kategorisiert, bewertet und kritisiert, verurteilt oder rechtfertigt.

Hinzu kommt nun noch, dass die Kommentare des inneren Beobachters, der ein Teil des eigenen Geistes ist, immer stark geprägt sind durch die angeborene Natur des Menschen und durch gesellschaftliche Konditionierungen seiner Kultur, aber auch durch sein erworbenes Wissen und durch seine eigenen bisherigen Erfahrungen sowie durch die alten Emotionen, die mit den eigenen bisherigen Erfahrungen oftmals noch verbunden sind. So kann der Beobachter die äußeren Gegebenheiten oder die inneren Erlebnisse überhaupt nicht klar und unvoreingenommen sehen, so wie sie tatsächlich sind, sondern stets nur dementsprechend, wie er selbst geprägt ist, etwa durch Tradition und Konventionen, durch Erziehung und Sprache sowie durch Religion und Wissenschaft. Krishnamurti betont diese Problematik immer wieder: „Ich halte es für eine der größten Schwierigkeiten, wirklich klar zu sehen, nicht nur die äußeren Dinge, sondern auch das innere Leben."[31]

Wenn aber ein Mensch die Wahrheit in sich selbst finden will, dann muss er in seinem Geist klar werden und still. Dafür muss das

Geschwätz in ihm aufhören und der kommentierende Beobachter muss verschwinden. Dies jedoch kann, so Krishnamurti, nicht durch Unterdrückung geschehen, sondern nur durch Achtsamkeit. Der Geist muss sich hierfür sich selbst zuwenden, er muss sich seines eigenen Geschwätzes und des Beobachters, der ein Teil von ihm ist, inne werden – und zwar nichtwertend, also ohne zu verurteilen oder zu rechtfertigen.

Sobald ein Mensch sich des Geschwätzes in seinem Geist wirklich mit Achtsamkeit unmittelbar inne wird, dann hört dieses Geschwätz auf – und wenn das Geschwätz aufhört, dann verschwindet auch der Beobachter, wie ihn Krishnamurti hier versteht, denn dieser Beobachter besteht aus nichts anderem als seinem eigenen Geschwätz. Übrig bleibt jetzt nur noch Stille im Geist und reine Achtsamkeit voller Energie, sozusagen die reine Energie der Schau.

Diese Energie der Schau zu verwirklichen bedeutet Meditation. So ist Meditation für Krishnamurti keine Technik, die ein Mensch erst erlernt und dann praktiziert, sondern ein Bewusstseinszustand, in den ein Mensch spontan oder auch gezielt gelangen kann. „Meditation ist ein Zustand des Geistes, der auf alles mit vollkommener Aufmerksamkeit schaut."[32] Es ist ein Zustand des nichtwertenden und unmittelbaren Gewahrseins bezüglich des eigenen inneren Lebens und bezüglich der äußeren Gegebenheiten. Wenn ein Mensch in diesen Zustand zu gelangen vermag, dann kann er jederzeit und überall meditierten, beispielsweise auch, während er im Bus sitzt und zur Arbeit fährt oder während er im Wald spazierengeht und den Vögeln lauscht. Eine solche Meditation bewirkt nach und nach eine innere Reinigung des eigenen Geistes von allen alten Emotionen und jedwedem inneren Geschwätz. Dadurch vertieft sich die Stille im eigenen Geist mehr und mehr.

Eine tiefe Stille im Geist wiederum ist gleichsam die Tür zur höchsten Erleuchtung. Sie ermöglicht den Zugang zu einem allumfassenden Bewusstsein. „Es ist so, als ob wir durch eine schmale Öffnung zu einem ungeheuer weiten, ausgedehnten Ozean gelangen, in einen unermeßlichen zeitlosen Zustand."[33] Ein Geist, der diesen allumfassenden Zustand verwirklicht, wird dadurch eins mit der höchsten Wahrheit beziehungsweise mit der transzendenten Wirklichkeit.

Osho

Osho wurde als Rajneesh Chandra Mohan am 11. Dezember 1931 in Indien geboren. Er studierte Philosophie und erlangte in einer Nacht während seines Studiums die höchste Erleuchtung. Einige Jahre später wurde er zunächst Professor für Philosophie. Im Jahr 1971 beanspruchte er für sich den höchsten religiösen Titel und lies sich von nun an Bhagwan Shree Rajneesh nennen. Inzwischen wirkte er bereits seit einiger Zeit als spiritueller Lehrer. 1974 gründete er einen Ashram in Pune (Poona), der alsbald nicht nur in Indien sondern in der ganzen Welt bekannt wurde – nicht zuletzt wegen der brillanten Vorträge, die er selbst dort täglich hielt. Von überall her kamen nun Menschen zu ihm, um seine Schüler zu werden. Von 1981 bis 1985 wirkte Rajneesh als spirituelles Oberhaupt einer um ihn gegründeten Kommune in Oregon in den USA, und 1987 kehrte er wieder nach Indien in seinen dortigen Ashram zurück. Dort legte er in dem darauf folgenden Jahr seinen religiösen Titel ab. Von 1989 an ließ er sich Osho nennen. Am 19. Januar 1990 starb Osho in seinem Ashram in Pune.

Seine Erleuchtung beschreibt Osho folgendermaßen: „Es war wie ein Wirbelsturm, ein wilder Sturm aus Licht, Freude, Ekstase. Ich ertrank darin."[34] Der Tropfen, der er selbst bislang war, fiel ins Meer und wurde eins mit ihm. „Ich war das Meer. Es gab keine Grenzen mehr."[35] Er selbst löste sich auf in diesem Meer. „Ich war nicht mehr da."[36] Nur Es war noch da. „Nennt es Gott. Gott war da. Ich möchte es lieber nur ›Es‹ nennen."[37] Was passierte war ein Wunder – ein

Wunder zudem, das nie ein Ende fand: „Es geschieht in jedem Moment wieder neu."[38]

Insbesondere mit seinem Ashram in Pune wirkt Osho vor allem in der zweiten Hälfte der siebziger Jahre sowohl in die Breite wie auch in die Tiefe: Er wirkt in die Breite der Bevölkerung, vor allem der westlichen Industrienationen, um dort möglichst viele derjenigen Menschen zu erreichen, die sich nach einer inneren Öffnung zur spirituellen Dimension hin sehnen – und er versucht ihnen in seinem Ashram einen möglichst tiefen Zugang zu dieser Dimension zu vermitteln, bis hin zur Erkenntnis der höchsten Wahrheit in der Erfahrung des kosmischen Bewusstseins. Zu den wichtigsten Bestandteilen seines Schulungsweges gehören seine Vorträge, aber auch Selbsterfahrung und Meditation sowie praktische Arbeit.

Die Vorträge, die Osho in seinem Ashram in Pune täglich hält, haben als Grundthema die spirituelle Entwicklung des Menschen. Darüber hinaus berühren sie alle möglichen Themen, die irgendwie mit diesem Grundthema zusammenhängen. In vielen dieser Vorträge kommentiert Osho die Lehren der erleuchteten Meister der verschiedenen Weltreligionen, von Buddha bis Jesus und von Lao-Tse bis Patanjali. Er erläutert Erzählungen aus dem Chassidismus, Koans aus dem Zen, Lehrgeschichten aus dem Sufismus und Gleichnisse aus der Bibel – oder er gibt eigene Ansichten zum Besten. Er weiß in seine Vorträge aber auch die Erkenntnisse von Tiefenpsychologen wie Freud und Jung mit einzubeziehen oder die Positionen der großen Philosophen von Sokrates bis Marx. Außerdem würzt er seine Vorträge fast immer mit einigen Witzen, die jeweils genau zum Thema passen. So sind seine Vorträge humorvoll und originell, geistreich und trotzdem gut verständlich. Sie machen ihn weit über seinen Ashram hinaus bekannt. Weltweit bekannt wird er aber auch dadurch, dass sein Ashram für ihn immer mehr Rolls-Royce-Autos anschafft, und dadurch, dass in jenem Ashram sogenannte Tantra-Gruppen stattfinden, die eine Kombination von Meditation und Sexualität beinhalten.

Die Lehre, die Osho in seinen Vorträgen verkünden will, ist eine Wahrheit, die durch Sprache gar nicht vermittelt werden kann. Sie handelt von der spirituellen Dimension der menschlichen Existenz und von deren Verwirklichung. So befindet sich seine eigentliche Botschaft in der Stille zwischen und hinter den Wörtern seiner Vorträge. Es ist die Stille der Meditation, in der sich schließlich sogar die höchste Wahrheit offenbaren kann.

Um möglichst viele Menschen für die spirituelle Dimension ihrer Existenz zu öffnen, werden im Ashram von Pune, als Vorbereitung zur Meditation, verschiedene Gruppenmethoden eingesetzt, die aus dem Westen stammen. Hierbei handelt es sich um körperbezogene und erlebensorientierte Methoden wie Primärtherapie, Rebirthing und Encounter-Gruppen. In diesen Gruppen können sich die Schüler von den negativen Emotionen befreien, die sich in ihrem Seelenleben seit der Geburt angesammelt haben. Dadurch finden sie dann später während der Meditation leichter in die Stille.

Zur Meditation werden im Ashram von Pune vor allem solche Methoden eingesetzt, die aus dem Osten stammen. Hierbei handelt es sich etwa um indisches Vipassana, chinesisches Tai Chi Chuan und japanisches Zazen. Mit diesen Methoden kann die spirituelle Dimension jenseits des begrifflichen Denkens zugänglich werden: „Wenn alles Denken aufgehört hat, kein Gedanke sich regt, kein Verlangen auftaucht, wenn du absolut still bist – diese Stille ist Meditation. Und in dieser Stille erkennt man die Wahrheit."[39]

Eine Spezialität des Ashrams in Pune werden alsbald die sogenannten Tantra-Gruppen. In diesen Gruppen geht es um eine Kombination von Sexualität und Meditation, die Osho folgendermaßen erläutert: „Der sexuelle Orgasmus gibt einem meiner Ansicht nach zum ersten Mal eine Ahnung von Meditation. Denn der Verstand steht still. Die Zeit steht still. Für wenige Momente gibt es keine Zeit und kein Denken."[40] In den Tantra-Gruppen wird diese Erfahrungsmöglichkeit gezielt kultiviert sowie vertieft, und zwar durch besondere Übungen für eine meditative Sexualität.

Für diejenigen Schüler von Osho, die sich längerfristig in Pune aufhalten, ist besonders die praktische Arbeit ein wichtiger Bestandteil ihres Schulungsweges. Im Ashram entstehen gerade in der zweiten Hälfte der siebziger Jahre immer mehr Einrichtungen und Betriebe, wie beispielsweise eine Bäckerei und eine Töpferei, ein Restaurant und ein Tonstudio, eine Meditationshalle und ein Gesundheitszentrum. Außerdem werden in diesem Ashram alsbald Bücher gedruckt und Kosmetika gefertigt, Kleider geschneidert und Theaterstücke aufgeführt. Es gibt dort Gärten, die gepflegt, und Toiletten, die gereinigt werden müssen. So ist hier viel praktische Arbeit zu tun. Für die Schüler von Osho geht es dabei nun nicht nur darum, dass die jeweils anstehende Arbeit gut erledigt wird, sondern ihnen dient ihre Arbeit auch zur Entfaltung von bislang brachliegenden Fähigkeiten und zur meditativen Einübung von Achtsamkeit im alltäglichen Tun sowie zur inneren Konfrontation mit bislang ignorierten Aspekten der eigenen Persönlichkeit und zum Abbau von erworbenen oder selbstgebastelten Überheblichkeiten.

Der bekannteste eigene Beitrag von Osho zur Praxis der Meditation besteht in den von ihm konzipierten dynamischen Meditationsmethoden. Sie bieten jeweils einen dynamischen Einstieg in die Meditation, der insbesondere für solche Menschen hilfreich ist, die beim stillen Sitzen leicht von innerer Unruhe geplagt werden. Ein Beispiel für eine solche Meditationsmethode ist die sogenannte Kundalini-Meditation. Sie besteht aus vier unterschiedlichen Phasen, von denen jede fünfzehn Minuten dauert. Zu den anfänglichen und mittleren Phasen werden jeweils von einer CD passende Musikstücke gespielt. Die erste Phase ist eine der wilden Aktivität. Sie wird von einer anregenden Musik begleitet und besteht vor allem darin, dass sich der Praktizierende mit dem ganzen Körper schüttelt. Für die zweite Phase gibt es ein weiteres Musikstück, zu dem nun frei getanzt wird. Der Praktizierende setzt hier einfach seine inneren Bewegungsimpulse in spontane Tanzbewegungen um. Die dritte Phase findet bei sanfter Musik bewegungslos statt, und zwar entweder im Stehen oder im Sitzen. Der Praktizierende wendet nun seine

Aufmerksamkeit bei geschlossenen Augen auf sein inneres Erleben. Schließlich folgt die eigentliche Phase der geistigen Sammlung. Diese vierte Phase der Kundalini-Meditation wird im Liegen durchgeführt. Der Praktizierende behält seine Augen weiterhin geschlossen und seinen Körper wiederum unbeweglich. Musik wird nun keine mehr gespielt und die Aufmerksamkeit bleibt auf das innere Erleben gerichtet.

Anhang

Endnoten

[1] Meister Eckehart, *Predigten* (1979), S. 340.

[2] Johannes vom Kreuz, *Liebesflamme* (2000), S. 58.

[3] Vergleiche *Das Neue Testament* (1985), S. 97.

[4] Vergleiche Jäger, *Suche* (1991), S. 92.

[5] Teresa von Avila, *Burg* (1979), S. 178.

[6] Böhme, zitiert nach Wehr, *Stimme* (2005), S. 123.

[7] Böhme, *Christosophia* (1975), S. 202.

[8] Angelus Silesius, *Wandersmann* (1979), S. 41.

[9] Meister Eckehart, *Predigten* (1979), S. 327.

[10] Meister Eckehart, *Predigten* (1979), S. 436.

[11] Johannes vom Kreuz, *Nacht* (1995), S. 71.

[12] Patanjali, *Yoga* (1982) S. 106.

[13] Vergleiche Shah, *Sufis* (1976), S. 62.

[14] Vergleiche Shah, *Sufis* (1976), S. 59.

[15] Baal Schem Tov, zitiert nach Wehr, *Chassidismus* (1978), S. 29.

[16] Lao Tse, *Tao-Te-King* (1988), Abschnitt 16.

[17] Lao Tse, *Tao-Te-King* (1990), Abschnitt 11.

[18] Lao Tse, zitiert nach Martin, *Weg* (2009), Abschnitt 36.

[19] Lao Tse, *Tao-Te-King* (1990), Abschnitt 43.

[20] Lao Tse, *Tao-Te-King* (1990), Abschnitt 42.

[21] Fromm, *Zuhören* (1994), S. 210.

[22] Kabat-Zinn, *Alltag* (2010), S. 18.

[23] Meister Eckehart, *Predigten* (1979), S. 340.

[24] Patanjali, *Yoga* (1982), S. 106.

[25] Lao Tse, *Tao-Te-King* (1990), Abschnitt 11.

[26] Vergleiche hierzu etwa Waskönig, *Shobogenzo* (2010), S. 183.

[27] Krishnamurti, zitiert nach Jayakar, *Krishnamurti* (1988), S. 86.

[28] Krishnamurti, *Leben* (1977), S. 21.

[29] Krishnamurti, *Einbruch* (1978), S. 19.

[30] Krishnamurti, *Einbruch* (1978), S. 29.

[31] Krishnamurti, *Einbruch* (1978), S. 79.

[32] Krishnamurti, *Einbruch* (1978), S. 101.

[33] Krishnamurti, *Einbruch* (1978), S. 96.

[34] Osho, *Autobiographie* (2001), S. 112.

[35] Osho, *Autobiographie* (2001), S. 114.

[36] Osho, *Autobiographie* (2001), S. 114.

[37] Osho, *Autobiographie* (2001), S. 114.

[38] Osho, *Autobiographie* (2001), S. 115.

[39] Rajneesh, *Buch* (1982), S. 3.

[40] Osho, *Autobiographie* (2001), S. 186.

Literaturverzeichnis

Al Habib, Andre Ahmed: Sufismus. Maurer, Freiburg 2005.

Anders, Frieder: Das chinesische Schattenboxen Tai Chi. Barth, München 1977.

Angelus Silesius: Der cherubinische Wandersmann. Diogenes, Zürich 1979.

Assagioli, Roberto: Handbuch der Psychosynthesis. Aurum, Freiburg 1978.

Aurobindo, Sri: Die Synthese des Yoga. Hinder + Deelmann, Gladenbach 1976 (2. Auflage).

Aurobindo, Sri & Die Mutter: Handbuch des Integralen Yoga. Mirapuri-Verlag, Gauting 2010 (4. Auflage).

Banzhaf, Hajo & Haebler, Anna: Schlüsselworte zur Astrologie. Hugendubel, München 1994.

Beck, Don E. & Cowan, Christopher C.: Spiral Dynamics. Kamphausen, Bielefeld 2007.

Benedikt, Heinrich E.: Die Kabbala als jüdisch-christlicher Einweihungsweg. Band 1: Farbe, Zahl, Ton und Wort. Ansata, München 2003.

Benedikt, Heinrich E.: Die Kabbala als jüdisch-christlicher Einweihungsweg. Band 2: Der Lebensbaum – Spiegel des Kosmos und des Menschen. Ansata, München 2003.

Besserman, Perle: Der versteckte Garten. Fischer Taschenbuch, Frankfurt 1996.

Binder, Walter: Der Energiekörper im Feld der Reiki-Kraft. Verlag für Naturmedizin und Bioenergetik, Deggendorf 1990.

Boeckel, Johannes F.: Meditationspraxis. Goldmann, München 1981.

Böhme, Jakob: Christosophia. Ein christlicher Einweihungsweg. Herausgegeben und erläutert von Gerhard Wehr. Aurum, Freiburg 1975.

Brück, Michael von: Einführung in den Buddhismus. Verlag der Weltreligionen, Frankfurt 2007.

Bublath, Joachim: Geheimnisse unseres Universums. Droemer, München 1999.

Bucke, Richard M.: Die Erfahrung des kosmischen Bewußtseins. Aurum, Freiburg 1975.

Capra, Fritjof: Das Tao der Physik. Fischer Taschenbuch, Frankfurt 2010.

Capra, Fritjof: Wendezeit. Scherz, Bern 1983.

Ceming, Katharina: Mystik im interkulturellen Vergleich. Bautz, Nordhausen 2005.

Cognet, Louis: Gottes Geburt in der Seele. Herder, Freiburg 1980.

Cooper, Jean C.: Der Weg des Tao. Barth, Bern 1977.

Das Neue Testament und die Psalmen. Deutsche Bibelgesellschaft, Stuttgart 1985.

Davis, Paul: Die Urkraft. Deutscher Taschenbuch Verlag, München 1990.

Deshimaru, Taisen: Za-Zen. Kristkeitz, Leimen 1987 (4. Auflage).

Dethlefsen, Thorwald: Das Erlebnis der Wiedergeburt. Goldmann, München 1979 (2. Auflage).

Dethlefsen, Thorwald: Das Leben nach dem Leben. Heyne, München 1977 (3. Auflage).

Dethlefsen, Thorwald: Schicksal als Chance. Goldmann, München 1980.

Döbereiner, Wolfgang: Der Wandel des Lebens im Tierkreis. Verlag Döbereiner, Herrsching 2006.

Dürckheim, Karlfried G.: Initiatische Therapie als Form Transpersonaler Psychotherapie. In: Integrative Therapie. 1984, Heft 3, S. 218–223.

Dürckheim, Karlfried G.: Überweltliches Leben in der Welt. Barth, Weilheim 1972 (2. Auflage).

Dürckheim, Karlfried G.: Vom doppelten Ursprung des Menschen. Herder, Freiburg 1978 (4. Auflage).

Enomiya-Lassalle, Hugo M.: Zen-Unterweisung. Kösel, München 1987.

Ess, Hans v.: Der Daoismus. Beck, München 2011.

Feild, Reshad: Ich ging den Weg des Derwisch. Fischer Taschenbuch, Frankfurt 1981.

Ferris, Timothy: Chaos und Notwendigkeit. Droemer, München 2000.

Fisch, Guido: Akupunktur. Goldmann, München 1974.

Fromm, Erich: Von der Kunst des Zuhörens. Quadriga, Weinheim 1994.

Führkötter, Adelgundis & Sudbrack, Josef: Hildegard von Bingen. In: Ruhbach, Gerhard & Sudbrack, Josef (Hrsg.): Große Mystiker. Beck, München 1984, S. 122–141.

Glasenapp, Helmuth v.: Die nichtchristlichen Religionen. Fischer Bücherei, Frankfurt 1964 (8. Auflage).

Goenka, Satya N.: Die Zusammenfassungen der Diskurse. Vipassana Vereinigung Deutschland, Seligenstadt 1991.

Goldstein, Joseph & Kornfield, Jack: Einsicht durch Meditation. Scherz / Barth, Bern 1989.

Goldstein, Joseph: Vipassana-Meditation. Schickler, Berlin 1978.

Goleman, Daniel: Buddhas Lehre von der Meditation und den Bewußtseinszuständen. In: Tart, Charles T. (Hrsg.): Transpersonale Psychologie. Walter, Olten 1978, S. 292–329.

Govinda, Lama Anagarika: Grundlagen tibetischer Mystik. Fischer Taschenbuch, Frankfurt 1975.

Grof, Stanislav: Das Abenteuer der Selbstentdeckung. Kösel, München 1987.

Grof, Stanislav: Kosmos und Psyche. Fischer Taschenbuch, Frankfurt 2000.

Grof, Stanislav: Topographie des Unbewußten. Klett-Cotta, Stuttgart 1978.

Grotelüschen, Frank: Der Klang der Superstrings. Deutscher Taschenbuch Verlag, München 1999.

Haas, Alois M.: Meister Eckhart. In: Ruhbach, Gerhard & Sudbrack, Josef (Hrsg.): Große Mystiker. Beck, München 1984, S. 156–170.

Haich, Elisabeth: Sexuelle Kraft und Yoga. Drei Eichen, München 1984 (4. Auflage).

Haich, Elisabeth: Tarot. Drei Eichen, Ergolding 1990 (5. Auflage).

Halevi, Z'ev ben Shimon: Der kabbalistische Weg zur Bewußt-
    seinserweckung. Bauer, Freiburg 1975.
Hart, William: Die Kunst des Lebens. Fischer Taschenbuch, Frank-
    furt 1996.
Hawking, Stephen: Die illustrierte Kurze Geschichte der Zeit.
    Rowohlt Taschenbuch, Reinbek, 2000.
Hui-neng: Das Sutra des Sechsten Patriarchen. Scherz / Barth, Bern
    1989.
Hurley, Kathleen V. & Dobson, Theodore E.: Wer bin ich? – Persön-
    lichkeitsfindung mit dem Enneagramm. Augsburg, Pattloch 1993.
I Ging. Übersetzt von Richard Wilhelm. Diederichs, Düsseldorf 1978
    (4. Auflage).
Ibn Arabi: Der verborgene Schatz. Chalice Verlag, Zürich 2006.
Ibn Arabi: Urwolke und Welt. Übersetzt und herausgegeben von
    Alma Giese. Beck, München 2002.
Jacoby, Edmund: Philosophen. 50 Klassiker. Gerstenberg, Hildes-
    heim 2001.
Jäger, Willigis: Kontemplation. Herder, Freiburg 2002 (5. Auflage).
Jäger, Willigis: Suche nach dem Sinn des Lebens. Via Nova, Peters-
    berg 1991.
James, William: Die Vielfalt religiöser Erfahrung. Insel, Frankfurt
    1997.
Jayakar, Pupul: Krishnamurti – Leben und Lehre. Bauer, Freiburg
    1988.
Johannes vom Kreuz: Aufstieg auf den Berg Karmel. Herder, Frei-
    burg 1999.
Johannes vom Kreuz: Die Dunkle Nacht. Herder, Freiburg 1995.
Johannes vom Kreuz: Die lebendige Liebesflamme. Herder, Freiburg
    2000.
Kabat-Zinn, Jon: Im Alltag Ruhe finden. Knaur Taschenbuch, Mün-
    chen 2010.
Kapleau, Philip: Die drei Pfeiler des Zen. Bern, Scherz / Barth 1975
    (3. Auflage).
Khema, Ayya: Meditation ohne Geheimnis. Theseus, Küsnacht 1988.

Klein, Nicolaus & Dahlke, Rüdiger: Das senkrechte Weltbild. Hugendubel, München 1986.

Kobayashi, Petra: Der Weg des Tai Chi Chuan. Hugendubel, München 1987 (2. Auflage).

Krishnamurti, Jiddu: Das ABC von Glück und Weisheit. Lotos, München 2004.

Krishnamurti, Jiddu: Das Buch des Lebens. Theseus, Berlin 2005.

Krishnamurti, Jiddu: Einbruch in die Freiheit. Ullstein, Frankfurt 1978.

Krishnamurti, Jiddu: Leben. Fischer Taschenbuch, Frankfurt 1977.

Kushner, Lawrence: Jüdische Mystik. Ansata, Berlin 2003.

Lao Tse: Tao-Te-King. Ins Deutsche übertragen von Hans J. Knospe und Odette Brändli. Diogenes Taschenbuch, Zürich 1990.

Lao Tse: Tao-Te-King. Übertragung von W. Kopp. Ansata, Interlaken 1988.

Laozi: Daodejing. Das Buch vom Weg und seiner Wirkung. Übersetzt und herausgegeben von Rainald Simon. Reclam, Stuttgart 2009.

Leadbeater, Charles W.: Die Chakras. Bauer, Freiburg 1988 (8. Auflage).

Leppin, Volker: Die christliche Mystik. Beck, München 2007.

Lexikon der östlichen Weisheitslehren. Albatros, Düsseldorf 2005.

Lilly, John C.: Das Zentrum des Zyklons. Fischer Taschenbuch, Frankfurt 1976.

Lorenz, Erika: Praxis der Kontemplation. Kösel, München 1994.

Lorenz, Erika: Wort im Schweigen. Herder, Freiburg 1993.

Lysebeth, Andre v.: Yoga für Menschen von heute. München, Mosaik 1990 (2. Auflage).

Mainzer, Klaus: Zeit. Beck, München 2005 (5. Auflage).

Marion, Jim: Der Weg zum Christus-Bewusstsein. Via Nova, Petersberg 2003.

Martin, Bruno (Hrsg.): Der Sufi-Weg heute. Martin, Südergellersen 1983.

Martin, Bruno: Gegenwärtige Sufiaktivität im Westen. In: Martin, Bruno (Hrsg.): Der Sufi-Weg heute. Martin, Südergellersen 1983, S. 163–168.

Martin, Bruno: Gurdjieff-Praxisbuch. Darmstadt, Schirner 2008.

Martin, Bruno: Handbuch der spirituellen Wege. Sphinx, Basel 1993.

Martin, William: Der Weg der Weisheit. AdvaitaMedia, Hamburg 2009.

Meister Eckehart: Deutsche Predigten und Traktate. Herausgegeben und übersetzt von Josef Quint. Diogenes, Zürich 1979.

Monroe, Robert A. Der Mann mit den zwei Leben. Ansata, Interlaken 1981.

Moody, Raymond A.: Leben nach dem Tod. Rowohlt, Reinbek 1977.

Moody, Raymond A.: Nachgedanken über das Leben nach dem Tod. Rowohlt, Reinbek 1978.

Moore, James: Georg Iwanowitsch Gurdjieff. Scherz, Bern 1992.

Müller, Rüdiger: Wandlung zur Ganzheit. Herder, Freiburg 1981.

Netherton, Morris & Shiffrin, Nancy: Bericht vom Leben vor dem Leben. Scherz, Bern 1979.

Nyanatiloka: Das Wort des Buddha. Christiani, Konstanz 1978 (4. Auflage).

Osho: Autobiographie eines spirituellen Provokateurs. Econ Taschenbuch, München 2001.

Ouspensky, Peter D.: Auf der Suche nach dem Wunderbaren. Scherz / Barth, Bern 1978 (2. Auflage).

Ouspensky, Peter D.: Die Psychologie der möglichen Evolution des Menschen. Edition Plejaden, Berlin 1981.

Owens, Claire N.: Zen-Buddhismus. In: Tart, Charles (Hrsg.): Transpersonale Psychologie. Walter, Olten 1978, S. 227–291.

Papus: Die Kabbala. Marix, Wiesbaden 2004.

Patanjali: Die Wurzeln des Yoga. Die Yoga-Sutren des Patanjali mit einem Kommentar von P.Y. Deshpande. Scherz / Barth, Bern 1982 (4. Auflage).

Perls, Fritz: Grundlagen der Gestalt-Therapie. Pfeiffer, München 1976.

Rahula, Walpola: Was der Buddha lehrt. Origo, Bern 1982.

Rajneesh, Bhagwan S.: Das orangene Buch. Sambuddha, Stuttgart 1982.

Rajneesh, Bhagwan S.: Die tantrische Vision. Heyne, München 1985.

Rajneesh, Bhagwan S.: Intelligenz des Herzens. Ki-Buch, Berlin 1979.

Rajneesh, Bhagwan S.: Meditation. Heyne, München 1979.

Rajneesh, Bhagwan S.: Sprengt den Fels der Unbewußtheit. Fischer Taschenbuch, Frankfurt 1979.

Reiter, Florian C.: Lao-tzu. Panorama, Wiesbaden 2005.

Robinson, Ronnie: Tai Chi – der leichte Einstieg. Knaur, München 2007.

Roscher, Michael: Das Astrologie-Buch. Knaur, München 1989.

Schiller, Paul E.: Der anthroposophische Schulungsweg. Philosophisch-Anthroposophischer Verlag, Dornach 1979.

Schimmel, Annemarie: Sufismus. Beck, München 2000.

Schmitz, Stefan: Der mystische Kern des Menschen. SavitaBooks, Wuppertal 2012.

Schmitz, Stefan: Der Vierte Weg von Gurdjieff. tao.de, Bielefeld 2013.

Schmitz, Stefan: Psychologie – Band 3. Via Nova, Petersberg 2000.

Schmitz, Stefan: Transpersonale Psychologie. Eine integrative Einführung. Tectum, Marburg 2010.

Schmitz, Stefan: Von der Geburt bis zur Erleuchtung. Das spirituelle Entwicklungsmodell Ken Wilbers. Tectum, Marburg 2009.

Scholem, Gershom: Die jüdische Mystik in ihren Hauptströmungen. Suhrkamp, Frankfurt 1967.

Schumann, Hans W.: Buddhismus. Hugendubel, Kreuzlingen 2005.

Shah, Idries: Das Zauberkloster. Rowohlt Taschenbuch, Reinbek 1986.

Shah, Idries: Die Sufis. Diederichs, Düsseldorf 1976.

Shah, Idries: Magie des Ostens. Sphinx, Basel 1984.

Shah, Idries: Sufigeschichten als erzieherisches Element der modernen Gesellschaft (Ein Interview). In: Martin, Bruno (Hrsg.): Der Sufi-Weg heute. Martin, Südergellersen 1983, S. 13–25.

Shah, Idries: Sufi-Wege zum Selbst. Diederichs, München 1995.

Shah, Idries: Wege des Lernens. Droemersche Verlagsanstalt, München 1985.

Shimano, Eido: Der Weg der wolkenlosen Klarheit. Scherz / Barth, Bern 1982.

Sigdell, Jan E.: Rückführung in frühere Leben. Scherz, Bern 1998.

Steiner, Rudolf: Die Geheimwissenschaft im Umriß. Rudolf Steiner Verlag, Dornach 1972.

Steiner, Rudolf: Die Stufen der höheren Erkenntnis. Rudolf Steiner Verlag, Dornach 1986.

Steiner, Rudolf: Theosophie. Rudolf Steiner Verlag, Dornach 1962.

Steiner, Rudolf: Wie erlangt man Erkenntnisse der höheren Welten? Rudolf Steiner Verlag, Dornach 1961.

Teresa von Avila: Die innere Burg. Diogenes, Zürich 1979.

Trungpa, Tchögyam: Das Spiel der Illusionen. Irisiana, Haldenwang 1979.

Vallieres, Ingrid: Praxis der Reinkarnationstherapie. Hannemann, Steimbke 1987.

Vaysse, Jean: Unterwegs zum Selbst. Sphinx, Basel 1985.

Vollmar, Klausbernd: Das Enneagramm. Goldmann, München 1993.

Waskönig, Dagmar Dökö: Das Shobogenzo des Dogen Zenji. Barth, Frankfurt 2010.

Wehr, Gerhard: Der Chassidismus. Aurum, Freiburg 1978.

Wehr, Gerhard: Der innere Weg. Rowohlt, Reinbek 1983.

Wehr, Gerhard: Der Stimme der Mystik lauschen. Kösel, München 2005.

Wehr, Gerhard: Meister Eckhart. Rowohlt Taschenbuch, Reinbek 1989.

Wehr, Gerhard: Spirituelle Meister des Westens. Hugendubel, Kreuzlingen 2007.

Weiss, Halko, Michael E. Harrer & Thomas Dietz: Das Achtsamkeits-Buch. Klett-Cotta, Stuttgart 2010.

Wilber, Ken: Eine kurze Geschichte des Kosmos. Fischer Taschenbuch, Frankfurt 1997.

Wilber, Ken: Eros, Kosmos, Logos. Fischer Taschenbuch, Frankfurt 2001.

Wilber, Ken: Integrale Psychologie. Arbor, Freiamt 2001.

Wilber, Ken: Integrale Spiritualität. Kösel, München 2007.

Wilber, Ken: Integrale Vision. Kösel, München 2009.

Wilber, Ken: Naturwissenschaft und Religion. Krüger, Frankfurt 1998.

Wilber, Ken: Physik, Mystik und das neue holographische Paradigma. In: Wilber, Ken (Hrsg.): Das holographische Weltbild. Scherz, Bern 1986, S. 150 – 185.

Wilber, Ken, Terry Patten, Adam Leonard & Marco Morelli: Integrale Lebenspraxis. Kösel, München 2010.

Winkler, Norbert: Nikolaus von Kues zur Einführung. Junius, Hamburg 2001.

Wolz-Gottwald, Eckard: Atlas der Weltreligionen. Via Nova, Petersberg 2010.

Wolz-Gottwald, Eckard: Die Mystik in den Weltreligionen. Via Nova, Petersberg 2011.

Wolz-Gottwald, Eckard: Yoga-Philosophie-Atlas. Via Nova, Petersberg 2002.

Yesudian, Selvarajan & Haich, Elisabeth: Sport und Yoga. Ergolding, Drei Eichen 1989 (30. Auflage).

Stefan Schmitz

Grundwissen der Familienpsychologie
Drei Bände / Verlag Via Nova

Von der Geburt bis zur Erleuchtung
Das spirituelle Entwicklungsmodell Ken Wilbers
Tectum Verlag

Transpersonale Psychologie
Eine integrative Einführung
Tectum Verlag

Der mystische Kern des Menschen
Eine Spurensuche zwischen Religion und Psychologie
SavitaBooks

Der Vierte Weg von Gurdjieff
Ein spiritueller Schulungsweg
tao.de